◎ 江苏省住房和城乡建设厅　组织编写

田园乡村

特色田园乡村建设
乡村振兴的江苏探索

周　岚　赵庆红　等编著

中国建筑工业出版社

图书在版编目(CIP)数据

田园乡村:特色田园乡村建设:乡村振兴的江苏探索/周岚等编著.—北京:中国建筑工业出版社,2020.7

ISBN 978-7-112-25221-3

Ⅰ.①田… Ⅱ.①周… Ⅲ.①农村—社会主义建设—研究—江苏 Ⅳ.①F327.53

中国版本图书馆CIP数据核字（2020）第095076号

责任编辑：郑淮兵 宋 凯 陈小娟 张智芊
责任校对：焦 乐

田园乡村：特色田园乡村建设——乡村振兴的江苏探索
江苏省住房和城乡建设厅 组织编写
周 岚 赵庆红 等编著

*

中国建筑工业出版社出版、发行（北京海淀三里河路9号）
各地新华书店、建筑书店经销
逸品书装设计制版
北京富诚彩色印刷有限公司印刷

*

开本：880×1230毫米 1/16 印张：11¼ 字数：193千字
2020年7月第一版 2020年7月第一次印刷
定价：80.00元
ISBN 978-7-112-25221-3
（35981）

版权所有 翻印必究
如有印装质量问题，可寄本社退换
（邮政编码100037）

编写委员会

主　　任：周　岚　顾小平

编　　委：刘大威　赵庆红　杨洪海　金　文　张　伟
　　　　　崔曙平

编著人员：周　岚　赵庆红　崔曙平　曲秀丽　何培根
　　　　　富　伟　王　菁　武君臣　徐红云　王　莉
　　　　　王泳汀　宗小睿

Contents 目录

01 主题文章

002 ◎ 特色田园乡村：重塑中国人心目中的美好乡村

——"江苏特色田园乡村建设行动"的探索 / 周　岚　赵庆红

02 设计实践

016 ◎ 金砖故里的精彩绽放：苏州祝家甸村 / 郭海鞍

024 ◎ 设计推动共建共治的"睦邻家园"：常州塘马村 / 陈　超　徐　宁

032 ◎ 当代乡土　乡村复兴：泰州东罗村 / 戚　威

040 ◎ 多元森林·匠心黄墅：苏州黄墅村 / 平家华

046 ◎ 共享乡村实践：淮安黄庄 / 尤　伟　丁沃沃

056 ◎ "桃花源"里的爱莲人家：无锡前寺舍 / 赵　毅　陈梦姣　徐子涵

064 ◎ 苏北水乡的乡土精神再现：宿迁双河村 / 汪晓春　葛早阳

074 ◎ 规划共谋　空间共建　村民共享：泰州祁家庄 / 童本勤　吴靖梅

082 ◎ 文化建设引领下的"香"村振兴实践：徐州马庄村 / 赵　毅　黄丽君

090 ◎ 石头村的魅力重塑：徐州倪园村 / 蓝　峰　吕　彬

102 ◎ 山枕水绕，回汉交融的风情乡村：常州陡门塘 / 陶　韬　汪海滨

112 ◎ 全域推动　绘就都市田园新图景：南京江宁区 / 张　川

128 ◎ 营建品质乡村空间，留住看得见的"乡愁"：

常州溧阳市 / 张　伟　陈　超　程映晖

03 社会共识

138 ◎ 乡村复兴，需重塑田园之美——规划大师齐聚昆山倡议推动田园乡村建设

141 ◎ 中国梦的乡村复兴之路——江苏启动特色田园乡村建设行动

145 ◎ 李强在全省特色田园乡村建设座谈会上强调致力乡村复兴　建设美好家园

147 ◎ 乡村复兴，守住文明之根——江苏建设特色田园乡村观察

149 ◎ 让城镇化成为记得住乡愁的城镇化——江苏建设特色田园乡村促进乡村复兴的调研和思考

154 ◎ 中国乡村振兴的时代抉择——江苏乡村特色田园建设的多维观照

160 ◎ 融合发展，重塑城乡关系——走好乡村振兴之路

162 ◎ 江苏再添 25 个特色田园乡村建设试点村庄——让特色田园扮靓新乡土时代

164 ◎ 江苏：探路现代化建设新征程

166 ◎ 江苏召开特色田园乡村建设现场推进会

167 ◎ 任振鹤在溧阳调研强调：特色田园乡村建设要在全省开花结果

168 ◎ "三个含量"彰显城乡建设更高质量

169 ◎ 聚力强富美高　决胜全面小康——钱家渡口话小康：两个村庄的美丽蜕变

COUNTRYSIDE
—
Jiangsu Explore for
Rural Vitalization

◎ 特色田园乡村：重塑中国人心目中的美好乡村
　　——"江苏特色田园乡村建设行动"的探索

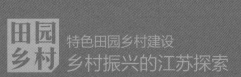

主题文章

特色田园乡村：重塑中国人心目中的美好乡村
——"江苏特色田园乡村建设行动"的探索

◎ 周 岚　赵庆红[1]

[1] 周岚，博士，研究员级高级规划师，江苏省住房和城乡建设厅厅长；赵庆红，江苏省住房和城乡建设厅副厅长。文章由两人执笔完成，在工作谋划和实践推动过程中，顾小平、刘大威、金文、崔曙平、曲秀丽、何培根、王菁、富伟等同志均有贡献，在此一并致谢。

[2] 习近平. 把乡村振兴战略作为新时代"三农"工作总抓手[J]. 求是, 2019(11).

[3] 2017年6月江苏省委、省政府印发《江苏省特色田园乡村建设行动计划》，从重塑城乡关系的角度，着眼长远并推动务实行动，提出建设立足乡土社会、富有地域特色、承载田园乡愁、体现现代文明的特色田园乡村，明确把特色田园乡村建设作为"三农"工作的有效抓手，作为推进农业供给侧结构性改革，在全国率先实现农业现代化的新路径，要求对现有农村建设发展相关项目整合升级，集中力量、集聚资源、集成要素扎实推进，打造特色产业、特色生态、特色文化，塑造田园风光、田园建筑、田园生活，建设美丽乡村、宜居乡村、活力乡村，展现"生态优、村庄美、产业特、农民富、集体强、乡风好"的江苏特色田园乡村现实模样。

乡村，是中华文明的根基，对于中国人有着特别重要的意义。作为农耕文明源远流长的民族，中国人有着特别浓厚的土地情结。几千年来我们的祖先依附于土地和自然，顺天时、就地利，辛勤耕耘，生生不息，在此过程中催生了以农耕文化为核心的灿烂文明，形成了一大批既有天人合一自然格局，又有和谐井然社会秩序的传统乡村。所以说，蕴含着深厚的生产生活和营建智慧的乡村是中国人的情感故乡和生存家园。习近平总书记的一句"乡愁"道出了所有中国人的心底情感。

但是，近代以来的工业化与城镇化进程从生产方式和生活方式上根本改变了城乡关系，大量的农业人口流向城市，乡村自给自足的经济与社会体系逐渐被打破，由此引发乡村经济、社会、文化和环境的剧烈变迁和深刻转型。人口老龄化和空心化、资源外流、公共服务短缺、环境恶化、乡土文化式微成为许多乡村面临的共性问题。实际上，城镇和乡村发展的失衡问题，不惟中国所独有，也是全球的普遍现象。城镇化、工业化乃至全球化、信息化背景下的乡村将何去何从，已成为国际社会十分关注的重要议题。

围绕这一议题，在党的十八大以来我国农业农村发展取得历史性成就的时代背景下，党的十九大作出了实施乡村振兴战略的重大决策部署，"从全局和战略高度来把握和处理工农关系、城乡关系"[2]，为推动城乡融合发展、走中国特色的乡村振兴之路指明了方向，也为世界解决城乡关系问题提供了中国智慧和中国方案。

按照国家乡村振兴战略指明的方向，江苏率先提出实施特色田园乡村建设行动[3]，围绕"特色、田园、乡村"三个关键词，致力打造特色产业、特色生态、特色文化，塑造田园风光、田园建筑、田园生活，建设美丽乡村、宜居乡村、活力乡村，旨在挖掘中国人心底的乡愁记忆和对桃源意境田园生活的向往，重塑乡村魅力，带动并吸引资源、人口等要素回流乡村，从而推动乡村综合振兴。

经过两年多的扎实推进和实践探索，先行先试的江苏特色田园乡村建设行动取得了显著的阶段成效，在优化重塑山水、田园、村落等乡村环境的基础上统筹推进"五位一体"建设，以人民群众真实可感的实绩呈现出乡村振兴的现实模样，提升了农民群众的获得感、幸福感和安全感，得到了政府、学界、社会和群众的充分肯定[1]。本文系统介绍了江苏特色田园乡村建设行动的谋划过程和实践努力，旨在抛砖引玉，引发更多的讨论和探索，共同探寻乡村振兴和新型城乡关系重构的实践路径。

一、价值挖掘：以新的视角看待生态文明时期的乡村多元价值

近代以来的乡村式微和衰落，不仅表现在人口资源和生产要素的外流上，也影响着人们的价值认知和乡村文化自信。以西方工业文明的视角，城市往往被认为代表着进步、开放、发展，而乡村似乎成为落后、封闭、贫穷的代名词。在网络上，也常常能够看到类似"乡村，我回不去的故乡"的感慨和讨论。对于乡村发展，习近平总书记曾深刻地指出："农村绝不能成为荒芜的农村、留守的农村、记忆中的故园。"

未来，在中国走向现代化的征程中，城乡关系无疑会进一步深刻重构。一方面，城镇人口的占比会进一步上升，乡村人口的总量会逐步下降，一部分自然村落会逐步消亡，这是城乡演变的发展规律和趋势；另一方面，"在我国拥有近14亿人口的国情下，不管工业化、城镇化进展到哪一步，农业都要发展，乡村都不会消亡，城乡将长期共生并存，这也是客观规律"[2]。因此，"城镇化要发展，农业现代化和新农村建设也要发展，同步发展才能相得益彰"[3]，这亦是《国家乡村振兴战略规划（2018—2022年）》提出"坚持乡村振兴和新型城镇化双轮驱

---

[1] 江苏特色田园乡村建设试点行动，不仅得到基层的积极响应，也广受社会和专业的好评，《人民日报》专题报道，《中国农业报》和《中国建设报》头版整幅介绍，中农办2017年专题调研，部分思路和做法写入了国家《乡村振兴战略规划（2018—2022年）》。

[2] 习近平. 把乡村振兴战略作为新时代"三农"工作总抓手[J]. 求是，2019(11).

[3] 2013年7月22日，习近平总书记在湖北省鄂州市长港镇峒山村同部分村民座谈时说："农村绝不能成为荒芜的农村、留守的农村、记忆中的故园。城镇化要发展，农业现代化和新农村建设也要发展，同步发展才能相得益彰，要推进城乡一体化发展。"

动"的逻辑起点和落脚点。

所以，无论是推动乡村振兴，还是推进新型城镇化，都有一个正确看待工业化、信息化、城镇化和农业现代化背景下的乡村价值问题：需要重新认识并深入挖掘新时代的乡村多元价值，唤醒乡村复兴的意识，发挥乡村的独特功能，推动田园生产、田园生活、田园生态的有机结合，促进乡村经济社会的发展进步，致力"让我们的城镇化成为记得住乡愁的城镇化，让我们的现代化成为有根的现代化"[1]。

当我们把眼光放得更远，以生态文明的思想来看待在工业文明向生态文明转型过程中的城乡关系，我们对新时代乡村的价值和使命会有更新的认识。我们认为，乡村既是中华文明的根基，也承担着为整个城乡发展提供粮食安全、维护生态平衡、保护乡土文化乃至稳定社会关系的多重功能，是我们永远生存的可持续绿色家园。

从国家粮食安全角度看，乡村是"中国人的饭碗"所系。农业生产是乡村最基本的功能，我们的祖先在与土地打交道的过程中发展形成了一整套"顺天时、就地利"的生产方式和生活方式，因此养育了世世代代的亿万中国人。时至全球化的今日，粮食安全仍是关乎国计民生的头等大事，"仓廪实，天下安"，正如习近平总书记深刻指出："中国人的饭碗任何时候都要牢牢端在自己手上。我们的饭碗应该主要装中国粮。"而要用仅占全球9%的耕地养活占全球人口20%的中国人，就必须发展好农业，留得住农民，保护好耕地和乡村空间。

从绿色发展角度看，乡村是大自然的底色和生态基底，是消除与平衡城市碳排放和碳足迹的重要保障。根据联合国资料，在全球的碳排放中，城市集中的碳排放超过了70%，而广袤的乡村则承担着生态环境调节功能和生态产品供给功能，提供了新鲜的水、自然的空气、开放的绿色空间等生态资源，还是各类生物繁衍生息的主要栖息地，呈现出丰富的生物多样性特征。同时，中国的乡村聚落与山水林田湖草有机相融，蕴含着丰富的天人合一、人与自然和谐相处的绿色生存和生态文明智慧。

从文化传承的角度看，乡村是中华民族的文化根脉所在，凝聚着乡愁，承载着记忆。保存至今的历史文化名村和传统村落，是中华民族与土地及大自然相存相依的实物见证和智慧结晶；乡村丰富多彩的民俗

---

[1] 王伟健.乡村复兴，守住文明之根——江苏建设特色田园乡村观察[N].人民日报·一线视角，2017-9-1.

节庆、民间戏曲、传统手工艺等非物质文化遗产，与乡村熟人社会的人情和人情秩序，共同构成"乡愁"的典型表达。

从社会发展角度看，乡村是经济波动时期的社会"稳定器"。随着经济社会的发展变迁，农业在如今国民经济中的份额已经很小[1]，第一产业的从业人数在就业结构中占比也不高，但是乡村在经济下行时期扮演着农民返乡就业的"蓄水池"作用，是稳定社会的重要力量。正因如此，党的十九大明确农村"保持土地承包关系稳定并长久不变"，同时乡村也是提高社会治理能力的重要阵地。

从人的全面发展角度看，乡村慢节奏、牧歌式的生活是都市紧张生活的"平衡器"。"采菊东篱下，悠然见南山""开轩面场圃，把酒话桑麻"，这些关于乡村的咏叹至今广为流传，可见许多中国人心中都有一个田园梦。尤其在生活节奏日益快捷的现代都市社会，乡村舒缓的生活节奏、开敞的自然空间、熟人社会的亲切感等，是拥挤、紧张、高效都市生活方式的极好平衡。如乡村塑造引导得当，可以成为满足新时代人民对美好生活向往的诗意栖居地。

从新型产业发展的角度看，乡村亦可以成为创新经济的重要"集聚地"。新型产业和创新经济的发展，本质上取决于对人才的吸引力，而人才对于生活环境的宜居品质要求很高，特别是在城镇化的主阵地——城市群和都市圈地区，田园风光、山水景观越来越成为稀缺资源，美好乡村不仅可以成为现代农业、高效农业、生态农业的空间，还可以成为创意产业、智能产业、健康产业、环境产业、文化产业等新经济、新业态的理想工作场所，成为文化创意村、智慧信息村、科技研发村等现代产业的集聚地。

二、试点探索：集成塑造新时代的美好乡村

在按照国家部署认真做好全面小康社会建设、脱贫攻坚战、农村人居环境整治等"三农"工作的同时，我们认真学习了习近平总书记关于"绿水青山就是金山银山"等重要论述以及中央一系列相关要求，并组织开展了"国际乡村发展比较研究"以及"江苏乡村可持续发展"等专题研究，丰富了我们对生态文明时期的乡村多元价值的认识，提出了"当代田园乡村建设实践·江苏倡议"[2]，得到了江苏省委主要领导的批

[1] 根据国家统计局资料，2018年中国第一产业占经济GDP比重为4.4%，第一产业占就业人员26.1%。

[2] 2017年3月18日，江苏省住房和城乡建设厅联合江苏省委农工办、中国城市规划学会、中国建筑学会等主办了"当代田园乡村建设"研讨会，会上发布了"当代田园乡村建设实践·江苏倡议"。

示肯定和推动[1]。随后,按照江苏省委、省政府的部署要求,我们会同相关部门牵头推动"特色田园乡村建设行动"的具体落实。

基于对新时代乡村多重功能和多元价值的认识,江苏特色田园乡村建设针对现实问题,坚持问题导向与目标导向、效果导向的有机结合,通过系统化的集成行动,努力塑造新时代乡村振兴的现实模样,努力呈现"城市让生活更美好,乡村让城市更向往"这样一种"城乡融合、美美与共"的美好图景。因此,江苏特色田园乡村建设整合了众多工作和行动内容,但又有所区别。

江苏特色田园乡村建设不等同于传统村落保护工作。它既重视历史文化名村和传统村落的文化资源挖掘,重视乡村传统民居、历史遗存、乡风民俗,以及村落与自然有机相融关系的保护,也注重时代感和现代性的体现,关注农民群众现代生产生活条件的系统改善,致力为农民群众提供更好的交通和基础设施,让农民群众享受到更好的公共服务,过上更有品质的生活。在建设手法上,强调"现代建设和乡愁保护并行不悖",重视乡村传统空间的当代创新利用,重视乡村工匠和传统营造方式的当代传承发展,重视在乡土材料的利用中融入现代科技,重视塑造具有地域特色、时代特征的新时代民居。

江苏特色田园乡村建设也不等同于农村人居环境改善工作。农村人居环境改善强调围绕农民群众关切,具体推动农危房改造、农村污水和垃圾整治以及"厕所革命"等一件件民生实事。江苏特色田园乡村建设工作则在已完成的村庄环境整治行动[2]和村庄环境改善提升行动[3]的基础上,强调以"一代人有一代人使命"的责任意识和新时代文化自信,建设塑造让"城里人向往"的美好乡村,努力让"今天的乡村建设精品,成为明天致力保护的文化景观"。

江苏特色田园乡村建设也不等同于美丽宜居乡村建设。它关注的空间范围不仅仅局限于美丽宜居村庄本身,同时关注村庄和山水、田园的整体塑造;它关注的内容不仅止于物质环境美化,更旨在通过美好空间环境的整体塑造联动推动产业发展、文化复兴、生态改善和乡村社会治理能力提升,因此不是简单复制过去的乡村建设模式,也不是简单的乡村美化行动,而是希望能够成为展现新时代乡村建设成效的直观窗口,成为传承乡愁记忆和农耕文化的新时代表达,也是乡村发展"一村

[1] 2017年,时任江苏省委书记李强同志在《新华日报》报道《乡村复兴,需重塑田园之美:规划大师齐聚昆山倡议推动田园乡村建设》上作出批示:"此事很有意义!省住建厅要跟踪服务,及时指导,做出特色。"

[2] 2011年,江苏省委办公厅、省政府办公厅印发《江苏省村庄环境整治行动计划》,规划发展村庄实施"六整治、六提升",一般自然村突出"三整治、一保障",集中整治农民群众需求最迫切、反映最强烈的村庄环境"脏乱差"等问题。

[3] 2016年,江苏省委办公厅、省政府办公厅印发《江苏省村庄环境整治改善提升行动计划》,以镇村布局规划优化为指导,积极推进美丽宜居乡村建设、村庄生活污染治理、传统村落保护等工作,巩固村庄环境整治成果,持续改善农村人居环境。

一品"产业和山水林田湖草生态保护修复的空间载体，其建设过程还是组织发动农民、强化基层党建、培育新乡贤、提高社会治理水平、重塑乡村凝聚力的有效途径。

这样的"三个不等同"决定了江苏特色田园乡村建设的实践难度，没有强有力的资源要素保障和政策支持是难以实现的。但我们有幸身处伟大的新时代、有幸身处长三角、有幸身处江苏，这"三个有幸"使得江苏特色田园乡村建设成为了现实的实践行动。

一是有幸身处伟大的新时代。 在中国改革开放以来，尤其是在党的十八大以来所取得的"全方位、开创性"成就和"深层次、根本性"变革的基础上，以习近平同志为核心的党中央将"全面深化改革"作为坚持和发展中国特色社会主义的基本方略之一，持续完善和发展中国特色社会主义制度，推进国家治理体系和治理能力现代化，着力抓好重大制度创新，努力提升人民群众的获得感、幸福感、安全感[1]。这为包含城乡建设在内的各领域制度发展和完善创造了历史机遇，提供了基本遵循，注入了发展动力，引领和指引我们不断改革创新、务实行动，只争朝夕，不负韶华。

二是有幸身处改革开放前沿的长三角地区。 近年来，随着长三角一体化发展上升为国家战略，围绕制订和贯彻落实《长江三角洲区域一体化发展规划纲要》，围绕打造具有全球影响力和国际竞争力的世界级城市群，长三角地区在国家框架的指引下推动了一系列的跨区域联动行动，区域协作和城乡协调发展水平不断提升，已经具备了在更高水平上推动更高质量一体化发展的良好基础：这里有密集的城市群和集中的创新型城市人口，对农业农村供给侧改革有着巨大的市场需求；这里是传统的农耕文明富庶地区，也是新时代"两山"理论的发源地，还是"千村示范、万村整治"人居环境改善工程的率先实践地。可以说，长三角是探索全球化、城镇化、工业化、信息化、农业现代化背景下乡村未来的最好背景、最好环境和最佳对象。

三是有幸身处江苏这片新时代建设发展的沃土。 江苏拥有悠久而灿烂的农耕文明历史，自古就是鱼米之乡，享有"苏湖熟，天下足""小桥流水人家"的美誉；发展到当代，江苏较早探索农村工业化的"苏南模式"，在改革开放以来的经济社会快速发展进程中，涌现出一大批有

[1] 上海市习近平新时代中国特色社会主义思想研究中心．深刻把握新时代谋划全面深化改革的主轴[N]．人民日报，2019-11-21．

实力、有特色的镇村，逐步发展成为全国城乡居民收入差距比较小的地区之一。近年来江苏先后推动了村庄环境整治、村庄环境改善提升、美丽乡村建设等一系列行动，这些为率先探索特色田园乡村建设奠定了扎实的工作基础和实践条件[1]。

因此，在江苏城镇化率已经达到70%左右、城镇化进程趋于稳定、城乡融合发展迈入更高阶段的关键时期，省委、省政府围绕建设"强富美高"新江苏的重大命题，深入贯彻中央对江苏"为全国发展探路"的一贯要求，在新的起点上系统谋划、睿智决策推动实施乡村振兴战略，2017年6月20日，省委、省政府印发了《江苏省特色田园乡村建设行动计划》，要求按照试点示范阶段、试点深化和面上创建分步有序推动特色田园乡村建设实施，并把推进特色田园乡村建设作为提升"三农"工作水平、促进乡村振兴的一大战略抓手，努力推动形成田园乡村与繁华都市交相辉映的城乡发展形态。

2017年8月29日，时任省委书记李强同志主持召开全省特色田园乡村建设工作座谈会，深入乡村基层一线亲自推动特色田园乡村建设试点；2018年12月，在江苏省委十三届三次全会上，省委娄勤俭书记明确要求进一步丰富特色田园乡村建设的实践内涵，为乡村振兴提供更多可复制、能推广的经验；2019年和2020年，吴政隆省长在省政府工作报告中都对特色田园乡村建设提出了明确要求。省委任振鹤副书记多次就特色田园乡村建设开展专题调研、听取工作汇报并作出指示要求，费高云副省长作为联席会议召集人多次召开联席会议，及时加强组织协调、统筹推进工作。围绕省委、省政府乡村振兴的重要决策，加强组织协调、统筹工作推进，通过"自上而下"的布置发动和"自下而上"的自愿申报，选择主体积极性高、工作基础好、规划设计有亮点、方案可实施度高的地区开展省级试点，在统筹考虑苏北、苏中、苏南地域分布以及水乡、山地、平原等地形地貌，涵盖多种农业产业类型、兼顾探索经济薄弱村脱贫等因素基础上，先后确定了类型多样、具有典型示范意义的三批共136个试点村庄。通过两年多的试点实施，江苏特色田园乡村建设试点取得了积极的阶段性成效，得到了社会各界的广泛认同。

2019年省委、省政府将"三农"工作中涉及的产业发展、文化旅游类创建事项全部整合进特色田园乡村建设创建。同年，江苏省政府组

[1] 时任江苏省委书记李强同志在全省特色田园乡村建设座谈会上的讲话。

织召开特色田园乡村建设现场推进会，验收并命名了第一批"江苏省特色田园乡村"。2019年4月，江苏公布了《江苏省特色田园乡村评价命名标准（试行）》，标志着特色田园乡村建设由"省级试点"进入"面上创建"阶段。2020年4月，省委、省政府召开加快改善苏北地区农民群众住房条件现场推进会，会议明确要求苏北农房改善中的规划新建型、集聚提升型村庄都要按照特色田园乡村建设的标准规划建设。住房和城乡建设部也充分肯定江苏的乡村建设实践经验，通过专题培训会和建设通讯专稿的方式在全国范围予以推广介绍。

三、实践推动：从理想蓝图到现实模样

行动是最好的语言，实践是检验真理的唯一标准。在特色田园乡村建设试点实践中，江苏坚持多元参与、上下联动、系统集成，聚焦"活力乡村、宜居乡村、特色乡村、和谐乡村、创新乡村"五个关键领域，努力培育和塑造"立足乡土社会、富有地域特色、承载田园乡愁、体现现代文明"的特色田园乡村。

一是培育特色产业，建设活力乡村。 乡村产业是乡村活力的基础，特色田园乡村建设把产业发展放在优先位置。一方面，指导各试点村庄依托自身的自然禀赋和特色资源发展现代农业，按照"人无我有、人有我优、人优我特"的发展思路，大力发展绿色有机农产品，培育出一批"土字号""乡字号"知名品牌，通过加强农产品的精深加工和综合利用，延长产业链，提升价值链，培育发展产业基础实、竞争优势强、比较效益好的特色主导产业。如东台市三仓镇将兰址村、联南村、官苴村3个省级特色田园乡村试点村庄打造成为江苏省最大的万亩菜篮子基地、唯一西甜瓜供港基地和农村一二三产业融合发展先导区，并成为2019年国家农业现代产业园。另一方面，围绕城镇市场需求深入推进农业供给侧改革，利用乡村地区的绿水青山、安全健康和地方特色化的农产品、宁静的环境与淳朴的民风、丰富的历史文化遗存等特色资源，大力发展旅游观光、休闲度假、农耕体验、创意农业、养生养老等适宜产业，以"生态+""互联网+"等方式，促进一二三产业融合发展，构建"接二连三"的农业全产业链，促进农村经济多元化。如溧阳市牛马塘村，依托村里种植红薯的传统，以"薯文化"为主题，在发展红薯种

植、相关手工及加工业的基础上，延伸拓展到相关文创及服务业，推动实现了一二三产融合发展。

二是系统改善环境，建设宜居乡村。 事实表明，乡村基础设施不配套、基本公共服务跟不上、人居环境衰败恶化，是导致乡村空心化的重要原因。因此，特色田园乡村建设强调分类施策：一方面，在推动所有村民迫切需求的农村人居环境整治任务完成的基础上，着力推动增加规划发展村庄的基础设施和公共服务设施供给，通过特色田园乡村建设，提高乡村的基本公共服务水平和质量，努力让农民群众享受到更好的公共服务，过上更高品质的乡村生活，让宜居宜业的乡村人居环境留住乡村发展需要的"人才"；另一方面，对于美丽宜居村庄具有旅游发展潜力的乡村，结合自身特色资源禀赋挖掘，推动主动顺应城镇居民消费结构的转变趋势，将有条件的特色田园乡村打造成为乡村旅游的目的地，满足城里人逃离城市喧嚣和快节奏生活的需求，沉淀浮躁的心情，缓解紧张的压力，体验恬淡静谧的乡村"慢"生活。如江宁区的谷里街道，特色田园乡村在全乡域绽放，农民纷纷回乡创业，农家乐经营户年均收入五十余万元，民宿经营户年收入可达二十万元，还有不少村民将空置房出租，每年也有七八万元的收入。如今的谷里，"城里人的向往，他乡人的羡慕，本地人的自豪"已是现实，而不是童话。

三是注重塑形留魂，建设特色乡村。 习近平总书记特别强调，"让居民望得见山、看得见水、记得住乡愁"，这是做好特色田园乡村工作的根本遵循。因此，特别注重特色风貌的塑造，充分尊重不同地域村庄在自然条件、生产方式、布局形态、乡风民俗等方面的差异，注重保护乡村风情，在风貌塑造上留住乡村的"形"，努力使平原农区更具田园风光、丘陵山区更具山村风貌、水网地区更具水乡风韵，防止乡村景观"城市化"、乡村建筑"西洋化"，避免出现"千村一面"的现象。另一方面，注重个性文化的传承，深入挖掘、继承、创新优秀传统乡土文化，努力让有形的乡村文化留得住，充分挖掘具有农耕特质、地域特点的物质文化遗产，加大对古村落、古建筑、文物古迹、农业遗迹的保护力度；让活态的乡土文化传下去，深入挖掘民间艺术、手工技艺、民俗活动等非物质文化遗产；把保护传承和开发利用有机结合起来，让优秀传统文化生生不息，让历史悠久的农耕文明在新时代焕发出新的风采。如昆山市祝家甸村挖掘当地制作金砖的传统，将废弃的砖窑改造成砖窑文化馆，发展创意产业，带动乡村转型发展，吸引村民回流，努力实现历史文化遗存的当代创新利用；南京市江宁区观音殿村从非物质文化遗产的特色挖掘上下功夫，将本村和邻近村落的金箔制作、烙铁画、方山裱画等进行集中展示、活态表演传承，使乡土记忆融入当代乡村文化生活。

四是强化多元治理，建设和谐乡村。乡村治理是国家治理的基石，没有乡村的有效治理，就没有乡村的全面振兴。特色田园乡村建设的过程是强化基层党组织建设、村集体凝心聚力的过程。在特色田园乡村建设工作中，需要农村基层党组织来统筹协调各方力量，发挥其战斗堡垒作用，也需要党员发挥先锋模范作用，带头执行党组织决定，引导群众自觉听党话、跟党走。特色田园乡村建设要想达到更好的实施效果，就必须充分调动村民参与的积极性。江苏在特色田园乡村建设中深度融入"共同缔造"活动理念，注重村民的意愿调查和意见搜集，并充分运用村级议事协商制度，形成特色田园乡村"民事民议、民事民办、民事民管"的多层次协商格局，不断健全自治、法治与德治相结合的乡村治理体系。如溧阳市塘马村，通过建立村民议事堂，健全村级议事协商制度，搭建村民参与乡村治理的平台，完善了村民表达诉求和意愿、保障权益、协调利益的机制，在推动特色田园乡村建设的同时营造"睦邻"的和谐家园。特色田园乡村建设的过程也是培育文明乡风的过程。通过加大公共文化设施投入力度，使农民文化有舞台、活动有阵地；深入挖掘优秀传统文化，让更多的文化元素融入特色田园乡村建设之中，使村庄更有灵魂、更具特色；因地制宜开展具有浓郁乡土气息的农村文化和体育活动，使村集体的凝聚力和向心力不断增强，引导村民崇德向善。如徐州市贾汪区的马庄村坚持"文化兴村"，村内建有文化礼堂、大型民俗文化广场等诸多公共文化设施，常年开展民俗文化表演、非物质文化遗产展示等文体活动，用文化力量净化心灵，激发村民向善热情，培育团结协作意识和集体主义精神，实现了农民精神风貌和农村社会文明程度新提升。

五是着力深化改革，建设创新乡村。特色田园乡村建设能否获得持久的动力，关键要看能不能把"改革"这篇文章做好。只有坚定不移地深化改革，才能全面激活市场、激活要素、激活主体，为特色田园乡村建设提供强大动能。我们力图通过系列改革举措，激发试点村庄发展的内生动力：对方向明确、实践有基础、认识比较一致的改革，要求加快推进、率先突破；对目标明确、取得共识但具体办法还需要完善的改革，要求安排试点、积累经验；对认识上仍有争议但又必须推进的改革，鼓励在一定范围内先行先试、蹚出路子。稳步推进"三块地"改革，盘活农村空闲和低效用地、闲置的农房和宅基地，提高土地利用效率，为新产业新业态发展提供用地空间，增加农民财产性收入。如南京市高淳区垄上、小茅山脚两个村，按照"确权、赋能、搞活"的基本思路，紧紧扭住土地这个核心、产权这个关键，深化农村承包地"三权"分置制度和集体产权股份合作制改革，因地制宜开展闲置宅基地、农村空关房的收储租赁，积极推动集体资产股权"量化到人、固化到户、户内继承、社内流转"，有效激活市场、激活要素、激活主体。在深化改革中，体会较深的一点便是人才的重要性。人才是改革的关键，是改革的不竭动力，因为"人"是带动城乡间市场、资金、信息、技术、管理和理念等方面密切联动、深度融合的最佳因素。特色田园乡村为人才营造了良好的创业环境，既培育出了一批带动性强、技术水平高的本土人才、新型职业农民，又吸引了高校毕业生、城镇企业主、农业科技人员等各类人才下乡返乡创业，还发动了众多乡贤能人参与特色田园乡村建设，成为各方人才干事创业的广阔天地。

　　江苏的特色田园乡村建设试点集成实践还表明了设计的创新力量。活力乡村、宜居乡村、特色乡村、和谐乡村的打造都需要"形神兼备、内外兼修、有特色、有灵魂的乡村魅力空间"支撑，而创意设计乡村本身就是创新乡村的一个重要组成部分。围绕特色田园乡村建设行动，江苏在全国范围内优选专业水平高、乡村设计经验丰富、社会责任感强、愿意服务江苏乡村规划建设的优秀设计师，涵盖规划、建筑、园林景观、艺术设计、文化策划等相关领域，汇编形成《特色田园乡村设计师手册》供地方遴选。经地方自主选择、对口联系，江苏 136 个特色田园乡村建设试点村庄中，有半数村庄由院士、全国勘察设计大师、江苏省设计大师亲自指导，是历史上高水平规划设计师聚焦江苏乡村最集中的一次。同时，我们认为乡村建设需要的不是静态的理想规划蓝图，而是优秀专业人员与基层组织和村民的共同设计、共同谋划、共建共享、共同缔造。为此，我们推动了乡村建设全过程陪伴式服务，建立了设计人员驻村服务制度和特色田园乡村建设试点的基层实践"一对一"联动制度。

四、探索在路上：特色田园乡村开启的"一万种可能"

习近平总书记指出："实现乡村振兴是前无古人、后无来者的伟大创举，没有现成的、可照抄照搬的经验。"江苏特色田园乡村建设行动，就是试图通过全面深化改革，在有效改善乡村物质空间、强化美好环境整体塑造的同时，联动推动乡村转型发展、重塑乡村魅力和吸引力的一种积极尝试和创新。改革仍在路上，推动实施的创新模式和方法需要持续的探索和深化。

"十里不同风，百里不同俗"，每一个乡村都是独一无二的存在，不存在一个相同的发展范式、统一的乡村振兴模式。特色田园乡村启迪我们：每一个乡村的区位条件、自然禀赋、经济发展、文化习俗、人口规模、发展基础等因素千差万别，推进乡村振兴需要因村制宜，深入挖掘各村在产业、文化、生态、空间等方面的特色资源优势，并在区域协同和城乡协调发展的背景下综合考量、系统规划设计和推动实施，方能彰显乡村多元价值、推动绘就新时代"各美其美、美美与共"的"富春山居图"。

推动乡村建设发展，实现乡村振兴，需要耐心和恒心，需要国家的战略布局和顶层设计，也需要在实践过程中的地方创新创造和农民主体作用的发挥。我们将在认真落实中央和省委省政府相关部署要求的同时，进一步立足省情特征、呼应人民真实需求，努力使今天的建设成为明天的文化景观，奋力谱写美丽中国的江苏建设新篇章。也希望江苏的实践探索为地方决策者、实践者、建设者带来启发，引发更多延伸思考与实践，共同努力为世界解决乡村发展问题提供"中国方案"。

COUNTRYSIDE
—
Jiangsu Explore for
Rural Vitalization

◎ 金砖故里的精彩绽放：苏州祝家甸村
◎ 设计推动共建共治的"睦邻家园"：常州塘马村
◎ 当代乡土　乡村复兴：泰州东罗村
◎ 多元森林·匠心黄墅：苏州黄墅村
◎ 共享乡村实践：淮安黄庄
◎ "桃花源"里的爱莲人家：无锡前寺舍
◎ 苏北水乡的乡土精神再现：宿迁双河村
◎ 规划共谋　空间共建　村民共享：泰州祁家庄
◎ 文化建设引领下的"香"村振兴实践：徐州马庄村
◎ 石头村的魅力重塑：徐州倪园村
◎ 山枕水绕，回汉交融的风情乡村：常州陡门塘
◎ 全域推动　绘就都市田园新图景：南京江宁区
◎ 营建品质乡村空间，留住看得见的"乡愁"：常州溧阳市

02 设计实践

金砖故里的精彩绽放:
苏州祝家甸村

在昆山市锦溪镇祝家甸村,一度兴盛的砖瓦烧制产业带来了圩田地貌破碎、生态肌理损害、农村田园风光延续面临困境等问题。但是,通过"微整形",锦溪镇把废弃砖瓦厂改建为"祝家甸砖窑文化馆",发展成以砖窑文化为创意的特色产业,以有机农业为主导,以乡村旅游产业、体育休闲产业为辅助的产业体系。祝家甸自然村的发展和困境,也是苏南后工业化时代村庄发展的一个缩影。

"祝家甸砖窑文化馆"的启用进一步激发了乡村活力。由于祝家甸砖窑文化馆的带动,村里的环境越来越好,原来到城里安家落户的年轻人正在慢慢形成"回村潮",全村120多户中有80多户人家已建或翻建新楼房,"有些人家准备做成民宿,有些人家是给在城里工作的孩子回来住"。

《光明日报》2017年11月19日

郭海鞍 中国建筑设计研究院崔愷工作室设计主持人,
国家一级注册建筑师

2017年3月28日，三月江南，春寒料峭，苏州祝家甸村的砖窑文化馆中却暖意盎然，济济一堂。来自全国各地的数百名专家学者共同参加由江苏省住房和城乡建设厅、江苏省委农工办、中国城市规划学会、中国建筑学会、江苏省乡村规划建设研究会、《乡村规划建设》杂志编委会联合主办的"当代田园乡村规划建设实践研讨会"，共同探讨乡村振兴发展之路，联合发布"当代田园乡村建设实践·江苏倡议"，引起了社会和业界的广泛热评。

更轻的有机瓦屋面

保留原来的光线

苏州祝家甸村作为特色田园乡村建设理念的策源地，伴随特色田园乡村建设被列为江苏省委、省政府的重大行动计划，于同年7月被列为江苏首批特色田园乡村建设试点，也正式开启了从田园建筑向田园乡村建设探索的序幕。村庄在"微介入"规划设计理念指引下，从砖窑的改造更新开始，同步完善基础设施和公共服务，充分利用村庄良好的自然生态和人文本底，逐步形成了以砖窑文化创意产业为特色、有机农业为主导，以乡村旅游、体育休闲产业为辅助的现代产业体系。如今，祝家甸村人旺、产富，大批年轻人返乡创业，大量的电影、电视剧、广告在这里拍摄，婚庆、团建活动在这里举行，成为名副其实的旅游打卡地和远近闻名的网红村。村庄人居环境质量和品质的提升，更带动村民在尊重村庄特色的基础上自发展开改善居住环境的行动，为乡村发展注入了新的动力。

清理后的檐下空间

加固后的窑体空间

砖厂改造前后对比

可谁曾想过，拥有"古窑环甸绕，碧水映村容"美誉的金砖故里也曾在快速城镇化进程中，一度出现过人口外流、村庄衰落的景象。2014年4月第一次调研祝家甸村的时候，设计团队住在村南五里之外

2017年3月28日，砖窑文化馆承办当代田园乡村规划建设实践研讨会

的周庄，被该村独具魅力的金砖文化所深深吸引。当时，村中仍然保存着当年《造砖图说》中关于金砖烧制的技艺，多位出自世家、技艺娴熟的烧砖师傅仍在村中从事相关工作，每年村庄都会在窑神庙舞龙自发祭祀窑神。但行走在乡间，团队也看到村里留守村民寥寥无几，大多是老人、妇女和孩童。接下来设计团队经过数次调研和全面统计，发现祝家甸村域面积 0.474km²，总人口 786 人，其中仅有 20% 的人口在村中从事务农及烧砖等产业，房屋空置率达 42%，建筑风貌较差，翻修房屋甚微，有经济能力的村民大多选择到镇上或者昆山市里购房，加之后来烧制实心黏土砖产业被禁止，村庄日渐衰败。

特色田园，微介规划

针对于此，崔愷院士提出了"微介入"的规划设计理念，从村西边的一座废弃的砖厂改造开始，正如中医"针灸"一样，通过这个"点"的刺激作用，逐步带动整个村庄的复兴。

经过加固、改造和新功能植入的砖厂，原本废弃的砖窑如今成了一座金砖文化的展示馆。一楼为餐饮、文创工作室等业态，二楼多功能区域可对外出租场地，承办各种会议、论坛。

> "我们设想如果将砖厂改造成一座金砖文化的展示馆，那么人们到这里看完金砖的展示，再信步到村子另一边的古窑去参观，这样在村西与村东之间就会建立起一条条的路径，在这些路径上便会出现各种契机，也许是商店、也许是咖啡店、也许是民宿，原本废弃的砖窑给村民造就了多元的创业机会。"

乡村设计效果图

小微更新，潜移默化

祝家甸特色田园乡村从规划到实践已经持续了超过5年时间，设计师前后现场服务上千次，坚持不做大而空的规划，只做基于前序工作引发的实实在在的小事儿，通过点滴的积累让村民感到希望，让乡村受到激发，从而渐进发展。在砖厂主体建筑实施改造的同时，利用砖厂原先的仓储办公用地设计建造了精品民宿，设立了民宿学校，邀请国内颇为成功的民宿经营团队到这里开班办学。民宿学校不仅教授村民如何办民

精品民宿建成效果

宿，更加重要的是激发村民自我觉醒，认识到家乡的美与价值，从而把更多的村民吸引到村里去，引发乡村的自我更新与发展。

除此之外，设计团队在深入村民家中走访调研的基础上，结合村民的需求和想法，在镇农服中心提供的农房翻建户型图基础上进行优化，设计了5种民宅户型供村民选择。农房建筑风格倡导"回归自然"，提炼出"原基址、原高度、小庭院、白粉墙、青砖瓦、坡屋顶"六项元素来控制村落的建筑风貌。三年后的祝家甸村，超过1/3的村民翻建了自己的房屋，部分村民进行了房屋改造。

持续发展，长期陪伴

培育特色产业。坚持农业为本，一三产融合。初步形成以有机农业、特色林木、小茶山、鱼塘等乡村农业为主，乡村农业体验为辅的一三产融合产业。借助农科院、苗木公司的力量，规划建设不同体验特色的农作植物和园区。同时，完善基础设施，提高乡村公共服务水平，配套实施村民食堂、农家小院等服务设施，进一步拓展与当地自然资源相结合的升级服务产业。村民礼堂、婚礼剧场、茶山小筑等建设项目陆续开展，推动乡村环境的持续更新。

促进文化传承。在利用砖窑文化馆将金砖文化传承的同时，推动村东侧古窑的保护与修缮，带动村民共同

河塘清淤前后

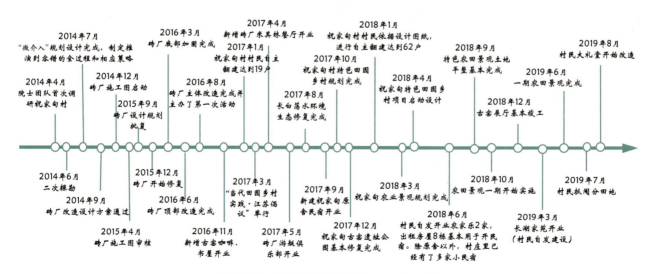

设计师参与乡村建设全过程（截至2019年8月）

保护修缮与更新的村落空间

维护发展。在空间延续历史的同时，充分挖掘并丰富拜大太太庙、打连厢、舞龙等特色民俗文化内涵。

修复生态环境。对砖厂、民宿、祝家甸村周边水岸线和湖泊展开生态修复。经过持续努力，今天的祝家甸水面清可见底，田园植物、农林田地欣欣向荣。大量的白鹭、野生鸟类回归田园，长白荡中小鱼小虾等物种类型进一步丰富。

提升景观品质。结合砖文化进行农业景观、村内道路、田间步道、构筑物修建与整改；结合农业观光与种植，重新选种栽种经济作物；完善村民健身与集会广场景观。提供茶山竹亭、古窑婚礼、有机蔬菜展示等新的景观空间。

旧建筑改造利用。对乡村祠堂、小礼堂等进行乡村影院改造；与文创结合的古砖窑再利用；探讨将各个村中的废弃砖厂转变为村民生活公共空间，形成复合多元的乡村活动空间。

感悟与启示

祝家甸的微介入规划方式是针对乡村的工作方法。与城市规划不同，乡村里的人地关系、人际关系、人文关系远比城市复杂，更像是一个牵一发而动全身的生命共同体。对这样一个如同生命一样的客体进行设计，应当采取谨小慎微的态度，不断地小修小改，出手过重或者过于强势地干预乡村发展，都可以导致乡村发展的畸变，甚至导致乡村机体的破坏。

经过微介入实践5年后的祝家甸村，正悄悄发生着变化，很多村民都在积极翻新建设自己的房屋，空置房屋的出租价格也比之前翻了一倍，截至2020年初已有145户进行了农房自我翻新。村民们建设家园的热情被激发了，从各种精细的装饰构件可以看出，他们已经不是在简单地搭建房屋，或是照搬欧式西洋小楼，而是充满热情地基于本土文化进行建设，以江南风格为主，多使用竹子、瓦片、青砖等传统材料。很多人担心这样乡村的面貌会变得杂乱而失去控制。而一路推演走来的我们却并不太担心，因为一个良好起点引发的演变过程总体是好的，也不排斥中间会有一些过错，这些小的过错会在大的良好趋势下逐步调节。在设计的起点，已经确定了乡村的格调和价值观，随之而来的将是对所有既成事实的检验，人们总会在自己的磕磕绊绊之间学会走路甚至奔跑。

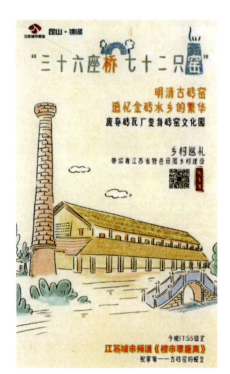

江苏城市频道拍摄短片

活力乡村

据统计，特色田园乡村建设后村集体经济收入大幅提高，2018年祝家甸村村级稳定性收入达到374.16万元，增幅达到30.25%，超过全市平均值4.8%。村民增收渠道不断拓宽，租金收入、农产品销售收入、股权分红等收入不断提升，村民年均收入达到36 710元。"砖窑文化馆"被住房城乡建设部授予"田园建筑一等优秀实例"，是江苏省获评一等优秀案例的两个项目之一。祝家甸村也相继登上中央电视台CCTV 4套（中文国际）频道、江苏城市频道的舞台，成了文化振兴让乡村从"面子"到"里子"的典型案例，不仅让更多人认识了祝家甸村，更是让村民切实地感受到了特色田园乡村建设带来的环境改善、出行便利和生活改善。

更让人欣喜的是，通过特色田园乡村的建设，我们已经逐渐影响了村民观念，让他们慢慢认识到要尊重过去，要尊重江南的记忆，要融合建筑与环境，要进行一定的创新和改进……这一切他们或许看得明白，也或许看不明白，又或许有不同的观念，但是只要他们基于这样的思考去建设，其结果就会被社会和市场检验，然后便会自我修正，最后趋于正确……这个过程并非一蹴而就，也没有绝对的标准答案，需要一个长时间的，能够容错并自我调整的过程，从起初的轻介入与推演，到最后的发展与容错，希望这样的尝试能给各地的乡村规划建设带来新的方式与探索。

设计推动共建共治的"睦邻家园":
常州塘马村

塘马村将专家顾问、乡贤代表、村民代表等融入建设队伍,设计师下乡"陪伴",每个项目从规划到实施、再到建成运行,都有相关专业人员实时跟踪指导,并根据村民意愿和村庄实情不断优化方案。村庄用"轻介入""微改造"等方式,对砖瓦、木柴、农具等废弃物或老物件灵活运用,让闲置房屋、院墙花坛等在巧妙装饰下,散发独特乡土气息;鼓励木匠、泥瓦匠等乡土工匠参与村庄建设,用本地传统营建手法就地取材,石片、竹子、青砖等乡土材料在精心打造下,呈现出丰富多样的乡村风貌。

《新华日报》2019 年 11 月 15 日

陈 超 江苏省城镇与乡村规划设计院所长,高级城乡规划师

徐 宁 江苏省城镇与乡村规划设计院主任工程师,高级城乡规划师

塘马村位于溧阳市别桥镇西北，毗邻风景秀丽、水质清澈的塘马水库，生态环境良好，可谓"缥缈瀛渚，在水一方"。塘马是刘氏家族移居的村庄，具有深厚的"耕读传家"传统。

2017年以前，100多户人家的塘马只是一个普通的苏南乡村。村庄建设密度高，田园风光景观单调，人居环境一般，基础设施配套缺乏，面临人口流失和老龄化的困扰，邻里关系日渐疏远。

特色田园乡村建设试点实施后，塘马成为江苏的"网红村庄"。2018年，全国休闲农业和乡村旅游大会在江苏溧阳召开，塘马村成为大会现场参观的第一站；2018年12月《新华日报》刊登塘马建设情况，此时的塘马已展现出精神焕发的农村、活力四射的农民、生机勃勃的农业、生态优良的环境、配套齐全的设施、淳朴自然的味道、文艺传承的乡风、多元的群众参与的美好人居现实模样，呈现出"干部能带头，群众有劲头，村庄有看头，种田有奔头"的局面。从2017年到2019年，塘马村民人均年收入从1.5万元增长到3.0万元，乡村旅游年收入从0增加到60万元，农业规模化经营比重达90%，村集体经济收入增长25%（相比2016年），吸引村民返乡创业就业52人，承接乡村建设培训203批次、7300多人次。

试点建设前的塘马村

塘马"蝶变"的缘由在哪里？自2017年入选江苏省首批特色田园乡村试点以来，塘马联合设计师、村民、新乡贤和国企公司共同推动村庄规划、建设、运营与治理，借助别桥镇全域生态休闲系统建设契机，注重村庄环境、文化设施建设，打造田园文化、田园生产、田园居所于一体的农耕乡村聚落，初步形成了乡村良性发展新特色，展现出了"睦邻原乡、文艺塘马"的农村新风貌。

留存集体记忆，设计"形塑乡村"

新村民中心：院落化设计

对老村委进行改造，依托原有建筑，新增钢结构桁架体系，拓展建筑空间，并形成连廊系统，同时将"院落"作为主导建筑空间的组合形式，新老建筑围合成不同的院落空间，承载多元的功能，满足村民的多样化需求。村民中心采用黑白灰的色调，保留建筑与加建建筑形成有机的建筑组群，保持一种和而不同的当代性。设置乡村振兴学堂、如意小食堂等，构建"睦邻"空间的载体，为老百姓营造一个交流、交心、交往的空间，进而重塑人情社会。设计植入一个恰当的连廊系统，呼唤记忆中的乡村生活，等待茶余饭后的邂逅和乡村故事的发生。

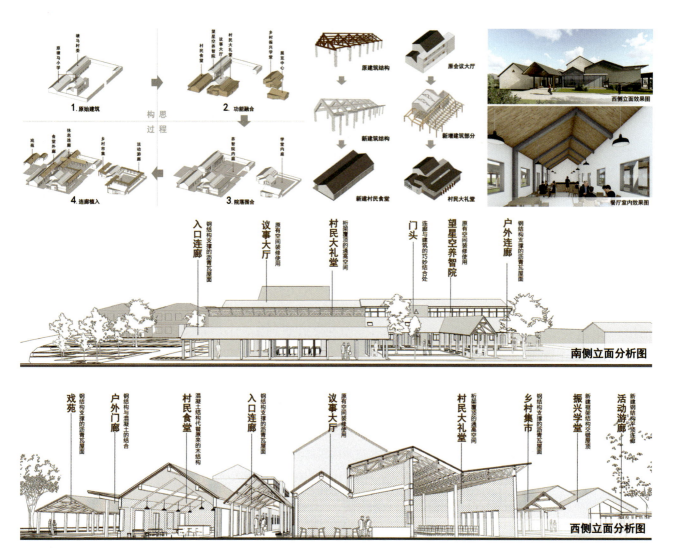

新村民中心设计方案

建成后的新村民中心

2019年5月22日在新村民中心举办"农房建设服务网"上线仪式

乡土材料的运用

就地取材

乡村景观建材多以青砖、废瓦、石片、竹子等地材为主，加上耙、耖、犁、推车等旧农具和老物件点缀，既节省了成本，又延续了集体记忆，凸显村庄特色。村庄河道保留滚水坝，采用废弃磨盘作为改造材料，既保留乡愁记忆又兼具实用性。活动场地的景墙采用溧阳当地乡村常见木堆形式垒造。村内多利用废弃水缸、木桩、石臼、石槽作为绿化载体，尽可能选择本地适生品种的绿植，小的节点、农户院落、滨水步道多栽种瓜果蔬菜、自繁衍花卉等，保留乡村生活气息。

趣味化手法

设计中注意保护 200 年树龄的榔榆，周边场地"做减法"，减少铺地对树木的影响。在塘马桥的改造中，为保护老树枝干，用废旧轮胎包裹形成"保护圈"，形成了堤坝和树木保护的双重效果。

古树榔榆场地改造与堤坝用轮胎作为树木的"保护圈"

| 设计方案 | 施工过程 | 竣工完成 |

活动场地景墙采用木材进行设计

引导村民打理自家房前屋后

乡村景观来源于生活。调动村民参与村庄建设的主动性，乡村工匠和村民协作联动，一起挑选废砖废瓦，打理建设自家院落，承担房前屋后的环境建设。

植入"文化工坊"提升活力

由旧民房改造而成的"美音梨园"是华东三大剧之一的锡剧名家的创作基地，也是溧阳的戏曲学校。建成的"百合文苑"已是溧阳作家及文学爱好者们的精神家园，是孩子们阅读的宁静空间，也是江苏省作家协会的写作学校和作家工作室。本乡本土屋则是展示工匠技艺和传承文化的地方，有92岁程保珍老奶奶缝制的虎头鞋，有87岁老爷爷刘慈

美音梨园

汉自学的书法、绘画，也有老木匠程建生的木制品……

推动资源活化，设计"提振乡村"

打造"我家自留地"

对村庄南部闲置低效的 0.026km²（40 亩）自留地进行重新设计，作为蔬菜种植田——"我家自留地"，由村委联合专业企业共同经营。每块地约 30m²，每年租金 3000 元，每亩可划分 20 块左右。"我家自留地"聘请当地菜农为田园管家，公司与其签订聘用协议，建立紧密、稳定的利益联结机制，不但解决了村内 20 余人的就业，还增强了村集体收入。村民刘锁方、朱小妹、钱芬娣等作为田园管家，每人每年可得到近 2 万元的劳务收入。同时流转了 0.033km²（50 亩）地建设"我家菜园子"，聘请村民当"种菜能手"，通过物流为城市家庭"直供"新鲜优质的"放心菜"。

我家自留地

村民参与业态经营

租用村民闲置房屋进行改造设计，植入特色业态，设置"一茶一饭一宿一厅一坊"（茶馆、饭店、民宿、土特产展示销售厅、油坊），如村民毛金凤开的"原乡面馆"是塘马的"网红面馆"，回乡创业的村民徐惠英经营的"看菜吃饭馆"，以及用改造的旧屋建成的"走过咖啡屋"等都有着较高"人气"。

村民自主经营的"看菜吃饭馆"和"原乡面馆"

提升特色软米品牌

塘马完成了 0.38km²（563 亩）农田流转，发包给种植大户进行规模化种植。依托软米品牌作用，着力形成具有地域特色和品牌竞争力的农业地理标志品牌。2018 年 1 月，溧湖有机软米入选"江苏好大米"十大品牌。

特色品牌产品

发展特色百合种植

塘马采用土地入股，即"农户+村集体+合作社"的模式，鼓励村民入股，参与管理百合基地。同时引进互联网营销模式，在"吃在常州"网上平台申请注册了"原乡美田"的商铺，用于推广销售塘马百合，着力把品牌做出市场知名度。

搭建合作平台，陪伴"缔造乡村"

国企牵头的"实体化"运营平台

溧阳市成立了由市级国企与别桥镇人民政府、塘马村集体、村民合作组织、民营企业以及社会团体共同参与的平台公司。塘马村与江苏省城乡院进行合作，乡村规划建设研究基地、乡村振兴学堂、望星空养智院等项目已落户。

多主体搭建的"基地化"设计平台

规划、建筑、景观、市政等专业技术人员和设计机构，与村委会、平台公司等组成设计平台，实现设计过程"方案在地、全时在线、沟通在场"的保障模式。

"乡村工匠+专业施工队伍"的联合建设平台

平台公司与设计团队聘请本地乡村工匠队伍和专业施工队伍组成施工方，同时确保乡村工匠队伍的工程量超过一半，让他们发挥所长，集中在乡村建设的细节处多出亮点。

建立"睦邻社"乡村共治机制

塘马村村民为九个区块，用家族关系、邻里关系等串联起九个"睦

塘马联合建设平台与工作模式

邻社"，由村民推选出李庆保、谭小平、刘中华等九位"睦邻管家"，"把村民的呼声带上来，把要做的事干下去"。推行"百姓议事堂"协商机制，做到"大事一起干、好坏一起评、事事有人管"，让村庄充满着向上、和睦的氛围。

结语

塘马村自特色田园乡村建设以来发生了翻天覆地的变化，越来越多的人走进塘马、感受塘马、体味塘马，基于村庄环境、公共服务设施、文化建设，进而推动乡村产业发展，增强共建治理能力，为乡村振兴和特色田园乡村建设呈现了"精神焕发的农村"的现实模样。

当代乡土　乡村复兴：
泰州东罗村

东罗村的"政府+市场主体+村集体"管理模式颇有代表性。由代表政府的文旅集团、万科集团和村集体三方合资组建万兴旅游发展公司，负责项目实施。政府财政已投入4000多万元，主要用于补基础设施、公共服务设施等短板，引导撬动企业加大产业发展投入。

作为市场主体，万科投资约5000万元，用于景观以及村民活动中心等单体建筑建设。在建设民宿促进旅游发展、获得收益的同时，万科利用其全国中高端业主资源，把兴化特色生态农产品包装纳入万科APP精准营销，今年春节前拿出大麦青汁、大米等"小试牛刀"，卖了300多万元。

《新华日报》2018年5月3日

戚　威　张雷联合建筑事务所，曾任南京大学建筑规划设计研究院设计一所所长，现任张雷联合建筑事务所合伙人，国家一级注册建筑师

村庄概述

东罗村地处江苏中部兴化市千垛镇（原缸顾乡），江淮之间，里下河腹地，紧邻世界四大花海之一——千垛菜花景区，河汊纵横交织，湖荡星罗棋布，地理位置优越，水陆交通便利，素有"鱼米之乡"的美称。

2017年6月，江苏省首批特色田园乡村试点方案启动，兴化市委、市政府着手组建特色田园乡村工作小组，经过精心规划和层层遴选，东罗村成功入选江苏首批45个特色田园乡村建设试点村，并与南京万科公司积极联手，共同探索促进城乡互补、城乡互融，以产业带动村民致富，致力于走出一条社会资本参与乡村振兴战略的可持续、可复制、可推广之路。

经过两年多的发展，村人均年收入从2016年的18 128元增长到2018年的21 500元，村民收入稳步增长，乡村项目直接带动村民就业约30人。乡村发展在模式创新、农业产业、乡村营建、乡村文化服务、乡村旅游和教育研学等方面均实现阶段成果，东罗村特色田园乡村建设已初显成效，接待各方考察调研同比增长10 000人次。

发展思路和实施模式

东罗村自然环境优雅，两湖两河环抱。但由于农业生产缺乏吸引力，农村生活缺乏活力，村庄格局缺乏协调性，成了非常典型的"空心村"。针对这种现状，规划设计团队认为，如何探索一种可复制模式，通过深度发掘三产融合和城乡融合，做到可持续发展和多方共赢是面临的一个重要议题。

当下的中国乡村建设，正是面对传统聚落价值自发和自觉的探索。政府对传统农业文明现代转型的预期与制度建设；资本投入对乡村经济发展的产业推动；知识分子对乡土文化的认知与思考；最重要的是农村广大人民对乡土生活改善的内在需求。在这个逐步发酵的过程中，政府、资本、知识分子、村民达成乡土价值的共识，乡土文脉保护是第一位的。更进一步，乡土文脉的延续基础是物质环境的更新，建筑师的工作让大家看到的是实实在在的变化，政府有了工作的起点，资金有了业态导入的方向，村民有了新的就业渠道和对未来生活的憧憬。一种并不复杂，小范围、可操作的实践模式自然会带动更加广泛的乡村建设实践。

东罗村特色田园乡村建设采用了"政府+社会资本+村集体"合作模式，共同成立合资平台公司，负责东罗村的建设和运营，探索特色田

村口、河道景观改造前后对比

园乡村发展的实施路径。以政府为主导，万科作为社会资本参与，村集体以闲置的集体土地使用权，经专业机构评估后作价入股平台公司，村民通过村集体的持股享受经营性分红，探索出一条社会资本参与乡村振兴的可持续、可复制、可推广的新模式。在这种模式下，引进了江苏省农科院、SGS（全球领先的检测和认证机构）、万科农产品与食品检测实验室等专业资源，共同推进建立农产品的标准化运营体系，打造了农业IP，"八十八仓"农业品牌，依托当地优质农产品开发多条产品线，兴化大闸蟹、大麦青汁、兴化大米、彩米礼盒等产品均实现线上线下同步销售。

可以看到，区别于以往的乡村更新，这次东罗村的特色田园乡村更加关注了产业的更新和进化，改进了乡村建设活动中一直被忽略的可延续性，最鲜明的佐证是随着这些产业的导入，已经在东罗村出现了很多返乡创业的青年。

采用"微介入""针灸式"的规划建筑设计模式

实现乡村复兴，乡村人居环境的改善是第一步。对于东罗村一系列乡村建设实践，建筑师的思考首先回到客观的立场和学习的姿态，向

乡村"微介入"和"针灸式"改造方案

"没有建筑师的建筑"学习,向生活学习。在这个过程中,建筑师逐渐放弃个人化的"空间设计",去延续地域的空间性,延续有关生活的温暖文脉场所。

在整个规划及建筑设计的过程中,建筑师希望以"微介入"和"针灸式"方式对村内的重要节点进行点状改造,希望通过这些节点带动村庄未来自发的更新和改变,从而实现整个村庄风貌的改变。

通过对村庄现状的梳理,建筑师寻找到一条未来可以作为村庄主要公共活动的路线,这条路线串联了村庄中最具特色的空间场景,首先是村口的晒场和菜地,然后是小桥流水的人家,穿过村中心的小广场就看见了位于湖边的大礼堂,最后到达湖心的小岛。在这条路线上,建筑师进行了"针灸式"的改造,依据对村庄目前的社会生活的调研,建筑师在这条路线上通过改造和新建增加了新的功能建筑和公共空间:东罗秋实展览馆、村民服务中心、村民食堂、大礼堂、新的村民广场等。这些新的功能和空间的植入,完善和丰富了村庄的公共生活,让这条新的道路成为村民甚至是游客的一条回家或者还乡的路。

在远期的建设中,这条道路还将继续延续,将更多村庄的公共生活和空间联系起来,从而完成整体村庄的改造,未来的改造将是村民的自我更新,将是村民对美好生活的自我追求,从而彻底激发东罗村的生命力和活力。

大礼堂

大礼堂是东罗村年代最悠久的建筑之一,也是村庄现存的唯一集体记忆,在类似东罗村这样在20世纪八九十年代经历过大规模更新的村庄里尤为珍贵。保存记忆、焕发活力是设计的主旨,设计中尽可能保留建筑的原始风貌,首先是清洗及加固了原有的墙面,值得一提的是在过程中建筑师和施工队伍尤其注意保留时间给红砖墙留下的印记,甚至是斑驳的水印和一些年代的符号。然后增加新的支撑结构使大礼堂从衰败恢复到健康,满足建筑的安全使用。红砖墙、老屋架这些时间和记忆的载体成为空间的主导。在大礼堂,新与旧的关系强化了时间性,连同功能再生的公共性,共同营造文脉延续的当代乡土美学。

大礼堂改造前后对比

村民食堂

村民食堂原址是一片荒废的空地,位于礼堂以北,广场以南,紧邻湖边。通过对村庄现存肌理和建筑材料的研究,村民食堂设计了绵延连续的坡屋顶,采用了镂花的青砖表皮和温暖自然的木质材料,使村民食堂虽然体量较大,但自然和谐地融入了村庄整体的空间轮廓以及视觉肌理,成为村庄的一部分,延续了村庄的公共空间,丰富了村庄的空间环

村民食堂设计方案

村民食堂

境。夕阳西下，连续绵延的坡屋顶倒映在湖中，坡屋顶下老人和小孩在休憩，美好的田园生活就展现在眼前。

"东罗秋实"村史馆、村民活动中心

"东罗秋实"村史馆以及村民活动中心的原址为旧民居，进行了适当的改造与更新，屋脊处的天窗是兴化市当地民居的典型特征，建筑师强化了这一特征，使其更加突出和明显，让这一民居要素成了设计的主题，并且将其增加了天窗的实际功能，改善了旧民居室内照明较差的情况。这样的民居改造是一种探索，给未来的村民自发改造提供了可参考样板，培育村民对本土本地的民居有新的认识，以期村庄能

村史馆　　　　　　　村民服务中心

够在未来的自我更新中摈弃"欧式""洋房"等，成为具有地域特色的美丽乡村。

民宿组团

民宿组团位于河边的小岛中，提供商务接待、会议、餐饮、住宿等服务，是东罗村发展旅游的补充。建筑的布局来自于对当地自然村落的模拟，采用了"一宅一田"的方式，希望像自然生长的聚落。建筑的木结构屋顶、青砖与白墙都是传统的建造方式，透过精致的砖花线条构成的围墙就看到了被建筑围绕的一块块田垄，田园之旅就正式开始了。

感悟

随着东罗实践的逐步展开，建筑师愈发领悟到乡土聚落物质环境及其承载的历史和传统文脉"原生秩序"的生命力与感染力，根植于中国地域乡土现实、时间轴线的生活方式和文脉环境延续性，汇聚成为当代乡土的时代趋向。

在乡村环境下的东罗实践让建筑师对乡村复兴的探究有许多意外收获。修葺一新的大礼堂作为举办村民大讲堂、地方文化表演、村民聚会的重要场所。村民食堂入口延伸空间和大礼堂前的广场相结合，新的功能的场所重新形成了乡土聚落生活的公共中心。由于乡土聚落天然的血缘地缘关系纽带，村民食堂与全体村民在情感和社会组织上存在关联，对村民而言这不是一个消费的产品，而是一位可以天天到访的好客邻居，不经意间村中的老人和儿童已经接受去村民食堂"吃饭"的公共生活方式。从设计和建造角度，地方工匠的智慧以及他们的建造习惯得到了充分尊重，建筑师向他们学习地方工匠建造技艺，而地方工匠在建筑

活力乡村

师协助下完成一次不同道具的表演。

　　乡村营建是面向未来的，未来的技术会越来越发达。近一个世纪之前的《雅典宪章》所定义的四大城市活动，居于首位的是"居住"。而作为人类聚落更早起源的乡村，在中国当代语境下的乡村，事实上其宜居的特性被忽略、淡化，甚至娱乐化、消费化。最近的十年，从建筑师下乡的热潮，到眼下各行业加入乡村振兴的强烈意愿，至少局部的案例和实践在更广阔的时间、空间维度，重新思考城市、乡村和人居的现实命题：乡村本身即是宝贵的财富，我们需要做的只是换一种看待乡村、看待田园生活的方式。

多元森林·匠心黄墅：
苏州黄墅村

　　黄墅村在改造建设过程中，"工匠"村民的老经验和设计师的新理念碰撞，"碰"出了匠心独运的传统营造手法，乡土自然的绿化方式，颇有园林之趣的村落、水系规划。工匠与设计师的互撞、互生、互助，成为苏州特色田园乡村建设中的特殊风景。今天，这个小乡村被清新宜人的"呼吸森林"包围，村内粉墙黛瓦、小桥流水，处处都是江南水乡的美景。

《苏州日报》2019年10月29日

平家华　中衡设计集团股份有限公司设计总监，
　　　　平行空间工作室负责人，研究员级高级工程师

黄墅综述

黄墅村，隶属苏州市吴中区临湖镇，位于临湖镇西南，西邻太湖，北依第九届江苏园博园。离市区约30km，现有农户72户，村民283人。

黄墅村在试点建设前，村民以务农和外出务工为主，经济相对衰退，人口外流。建设前人均年收入32 000元，2018年建成后人均年收入36 000元，增长了12.5%。其中，建成后外出务工人员返乡就业50人，创业人数8人。就业、创业主要类型为自办民宿、农家乐、咖啡馆等。全村旅游年收入由试点建设前120万元增长到2018年的430万元，典型代表农户旅游年收入由30 000元增长到43 000元。

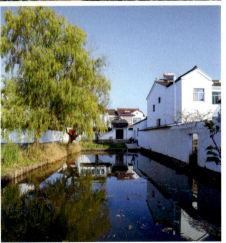

黄墅村新貌

对黄墅村的认知及规则设计

黄墅村毗邻太湖，周边森林、水域、农田环绕，生态环境优越。但是初临黄墅看到的是另一番景象，产业单一，公共服务设施缺乏：2 片停车场、1 个咖啡厅、1 小片公共健身广场、1 个公共厕所，村级配套亟待改善，村民生活不便，亟需增加服务配套，满足村民生活需求。居住环境缺乏组织：村落硬质铺地过多，公共空间乱堆乱放，本就不多的绿化空间杂草丛生，严重影响人居环境，建筑风貌也需要整治。黄墅村整体建筑风貌以苏式风格为主，保存较为良好，但也存在村民新的自建房与整个村落风格相悖，格格不入，对原始的乡村风貌产生一定的破坏作用。黄墅村主打太湖防护林资源，同时借利园博园一定程度地发展自身的乡村旅游，但资源利用方式有待进一步规划整合。

村庄历史上多出匠人，甚至出现过建筑行业龙头企业创始人。但是目前匠人文化已经很少有展现，出现了文化断层。2017 年，设计团队把黄墅的目标定为"多元森林，匠心黄墅"，并一直沿用至今，也得到了村民的一致认可。

原房屋——破旧衰败，色彩突兀　　　　原街巷——硬质严重，几无绿化

原河道驳岸——水质较差，多处断头，驳岸破败　　　　原菜地——杂乱无组织

重塑"水田林居"，彰显淳朴风光，实现人与自然和谐共生。黄墅村房屋依河而建，白墙黛瓦，小桥流水，村庄肌理特性显著，是典型的江南水乡。此次试点建设，在原有基础上，对村落进行整治提升，对水系进行疏浚沟通，对树林进行开放延伸，加强相关森林特色生态，对村北与村西田园进行全面梳理，使村落、水系、田园、树林四者既轮廓清晰又相互交融，进一步彰显了自然淳朴的田园风光，实现了人与自然和谐共生的美好田园生活。菜园的硬质路使用装配式预制混凝土板。村北的入口与房屋立面也进行了美化，提升了对外形象。

改造后的乡村民居

村西菜地也得到了妥善修缮,原来杂乱无章的菜地被重新规整,并且增加了休憩亭、工具亭和新的取水点,村民的田园劳作休息更加方便。

村西北入口及小公园也进行了修整,使得村庄的形象得到了提升,村民的体验也更好。

水系驳岸

疏浚河道水系,生态修复驳岸。村内原有河道因多年未开挖整治,河道狭窄,且几处是断头浜,水质较差。此次建设,对村内及周边水系重新规划整治,开挖环通全村水系,并与外河道沟通,彻底解决断头浜、水系不通问题,使村庄更有活力。完成原有河道清淤整治约1.5km,修复原有垒石驳岸约3km,新增河道开挖约10000m^3,两侧增加植被,建设生态驳岸。

水系驳岸改造后

改造后的街巷空间

街巷及墙角绿化

村庄道路尺度适宜，铺装材质乡土生态。黄墅村内房屋规则紧凑，巷道平均宽度约 2m，本次设计充分听取村民意愿，既考虑到步行与电瓶车出行的安全平稳，又兼顾水乡风格，采用了青砖加预制水泥板铺设。

村内道路在试点建设前多为水泥路铺装，除了杂草几乎没有墙角绿化，本次街巷改造中重点增加墙角绿化，并和当地匠人合作，在展示匠人手艺的同时为乡村带来绿意与活力。

党务村务工作站

空闲旧屋改造为党务村务工作站。村北临河有一栋空闲破旧房屋，为了利用闲置房屋且满足村里需求，将其改造为党务村务工作站。

设计采用现代的手法诠释传统田园建筑，改造使用了预制装配式、太阳能板等建造技术及节能技术，试图展现现代村民的全新面貌。同时使用了大量村内拆除房屋剩下的旧砖旧瓦，并通过匠人的手艺重新留住了这些老的记忆和文化，既塑造特色建筑风貌，又节省了大量的材料及成本。

改造后的党务村务工作站

儿童之家 & 儿童活动公园

争议破败房屋改造为儿童之家。村中存在一处有历史问题的破败房屋，村民甲拥有房屋权，村民乙有地权，同时又都占了村民丙的部分土地，此问题房屋已经由于产权问题争议了许多年。

通过跟居民的多次沟通，将破败房屋出租给村里，并且改造成儿童之家，供村里的儿童学习、游戏之用。改造使用原砖加固，原瓦用作村里的相关装饰，降低成本的同时把村里的肌理和历史记忆保留下来。本次改造采用装配式建造技术，节省造价，缩短工期。

荒芜公园改造为儿童活动公园。村西南角有一个荒废的公园，树木很密，常年阴冷，内部道路甚至长满青苔，走路经常滑倒，去的人也很少。本次改造将多余树木移至其他需要树木的位置，重整铺地设施，开敞阳光，成为村民和儿童常去活动之地，增添了村庄活力。

农房翻新

试点建设期间，因看到了村庄良好的发展前景，黄墅村72户村民中的25户申请了房屋翻建。在充分尊重农民意愿，鼓励农房建设自主多样的基础上，由驻村设计师对村庄风貌进行整体把控，对破坏风貌的民居进行改造提升，对有翻建需求的农户进行设计指导。

在黄墅村建设期间，盈心阁、"树与墅"民宿、"村边"茶餐饮、右见光荫里等民宿餐饮陆续开张，吸引约30位本村村民返乡创业、就业。2018年建成后，村集体稳定性年收入1109万元，比2017年增加239万元，增长率27.5%，超过全区平均水平1.7%，村民人均年收入达到3.6万元。

共享乡村实践：
淮安黄庄

自黄庄被确定试点候选点以来，该镇积极发展黄庄特色产业，加快推进农业产业结构调整，大力推广一地多品发展模式，扶持高桥村大棚油桃、西瓜、农家乐等特色产业发展，打造"黄庄＋尧文化体验区＋绿道"旅游观光带，促进农民致富。同时，省财政将对试点村庄实行专项奖补：按项目实施范围内的农户数进行奖补，农村改厕、村级一事一议财政奖补、农业生态保护与资源利用、农村公路等专项资金，按不低于全省平均补助标准切块奖补。

《江苏经济报》2018年5月9日

| 尤 伟 | 南京大学建筑与城市规划学院，助理研究员 | 丁沃沃 | 南京大学建筑与城市规划学院，教授 |

黄庄概况

黄庄位于淮安市金湖县塔集镇高桥村中部，西濒淮河入江水道，东临荷花荡旅游公路，金闵公路穿村而过，交通十分便利。黄庄村庄范围南北长 1000m，东西宽约 800m，总面积 0.8km²（1200 亩），是一个典型的苏中里下河地区特色的带状村庄。

黄庄的农业产业在里下河地区具有一定的代表性，以稻米、油桃、西瓜、藕、蟹、虾的种植养殖为主，并实现了油桃西瓜套种、水稻小麦轮种、虾蟹混养、藕虾套养等高效耕作养殖方式。通过土地流转，黄庄已基本形成了规模化农业。规模化经营的农业提高了生产效率，同时使得农村剩余劳动力大量流向城市。改造前黄庄总户数168户，人口为757人，其中常住人口为230人，仅占总数的30.3%，另有41户常年无人在家居住。从年龄结构来看，常住人口中60岁以上老人占村民人数的67%。村民的收入普遍偏低，大多数居民年收入在1万元以下，尤其是之前依赖种田的农民现在并没有固定收入。

黄庄的基础设施总体齐备，但就环境品质而言，还需要做进一步的提升。存在的问题主要包括：河道水质浑浊，道路狭窄、泥泞，村民还在使用旱厕，卫生条件不佳等。与其他村庄相比，黄庄具有一些地理位置上的优势。首先，黄庄处于通往荷花荡景区的必经之处，是构建旅游驿站的最佳之地；其次，村北即将完工的尧乡宝塔景区将为黄庄休闲内涵扩容；最后，紧邻黄庄西侧的淮河入江水道提供了天然的景区风光。此外，黄庄还拥有一些非物质文化遗产，如手工制香、手工挂面、麻油等，具有较强的文化发掘潜力。

水体

旱厕

试点建设前的黄庄村

2017年6月，江苏省特色田园乡村建设试点正式启动。在县镇政府和南京大学建筑与城市规划学院设计团队的共同努力下，黄庄于2017年8月入选江苏省特色田园乡村首批试点，并于2018年1月立项建设。经过近两年的建筑、环境改造提升，黄庄面貌焕然一新。项目以"黄村、驿站、庄台、客厅"为核心内容，以"打造乡村资源共享的新农村生活模式"为着眼点，通过培育特色产业，增加在地性产业消费，使农民收入显著提高；通过改造利用空关房，改善生态环境品质，使乡村设施趋于完善；通过发掘文化遗产，加强宣传展示，进一步彰显当地文化特色。

规划设计思路

现有乡建改造项目总体可归纳为两类，一类是由政府主导推动以及社会资本介入，聘请专业设计人员进行的自上而下的设计更新，比如精品民宿酒店等；另一类是在旅游商业驱动下由村民自发的自下而上的自建房改造。前者改造过程需要专业的设计人员策划以及大量的资金投入，在示范推广上存在一定的局限。后者则由于缺乏专业的设计指导，空间改造较难满足居民的生活品位需求。黄庄的规划建设试图在二者之间探索出一种全新的乡村振兴改造模式，通过利用当地特色不够鲜明的村庄、产业、文化资源打造出富有乡土特色的乡村生活文化体验样板，并以此带动村民的自主更新。

设计总平面图

乡村景观空间改善

通过对黄庄的产业条件、人口设施现状以及旅游文化资源的调研分析，设计团队梳理出黄庄主要存在四方面的问题：农业产业有待升级、产业类型亟待多样化、空置房有待合理利用、环村水系有待治理。针对这四方面问题，设计者从大、中、小三个尺度提出了相应的设计策略。大尺度通过产业规划、交通规划、景观规划构建特色产业；中尺度通过景区项目规划、游览路线规划、景观设计形成景观特色；小尺度通过建筑更新和公共空间设计凸显文化特色。

项目实施策略

项目实施方案提出以点带面的设计思路，即以示范工程的示范性促发村民的积极性，最终实现乡村面貌的根本转变。为此，在具体的实施方案中，设计团队选择具有代表性的设计内容进行示范建造，具体包括村口的机动车道、田间栈道、亭廊、空关房、水体、院落、广场等各个层面，为当地村民的自主改造提供范式。

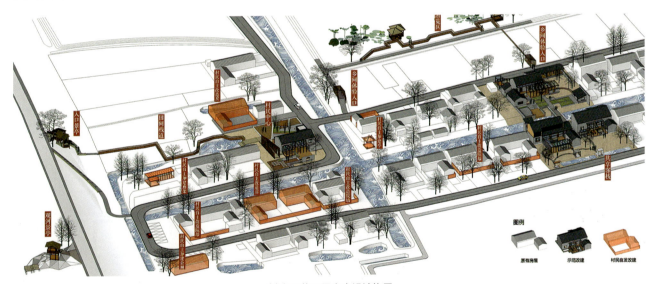

村庄示范工程内容设计构思

条形村庄的空间品质提升

对于条形村庄空间品质的提升是本项目设计的一个难点。为此，设计团队与当地政府商议，精心挑选了四栋空关房作为样板进行功能和空间的改造。其中一幢位于村口附近，用于公共性的功能空间营造，构建游客接待以及非物质文化遗产体验区。另外三栋构成一组，位于村庄中部，河道两侧，用于居住功能空间的营造。通过空间组合将分隔南北侧建筑的河道变为内河景观，并架设木桥，增加了南北侧建筑的联系。

对于空关房的改造，设计团队从草图到模型反复推敲，并进行建筑

空关房改造

和环境的一体化设计。空关房的利用考虑了多种可能性，包括简单修复出新、增加夹层以及加层，可以分别满足不同家庭人员组成的居住以及青年旅社的运营需求。此外，所有改造房屋保留堂屋等传统文化功能空间，建成后的房屋平时共享给村民进行自主经营，过年的时候依然作为自有住房供村民返乡居住，充分体现共享乡村的设计理念。

空关房利用改造设计

在环境治理方面，通过综合采用理水、改厕、整院、连廊四种空间处理手法使环境空间品质得到显著提高。"理水"，将黄庄 1000m 长的河道进行清淤，并种植当地的荷藕，河道两边的驳岸也使用木桩等透水材料进行加固，河流水质有了大幅改善；"改厕"，提高了生活品质，使其更适应于返乡人员以及游客的生活需求；"整院"，通过院落环境整治，增加广场道路铺装，设置休闲空间，有效提高公共空间的环境质

乡村院落、连廊改造前后对比

量;"连廊",通过廊道的设计,将厨房等辅助空间与主房间进行了有效的联通,丰富了空间的层次。

除了空间节点打造,在政府的推动和当地村民的参与下,村庄设施配套进一步得到完善。黄庄庄台道路拓宽至5.5m,新修金湖绿道与村庄连接道路,主干道路配有路灯共计300多盏,并在农户房前屋后建设100多个小型停车位。在村庄配备了完善的垃圾收运设施,包括一个小型垃圾转运站,200多个垃圾桶,并由村专人负责垃圾清运,镇专人负责村庄环境督查工作。新建一座日处理20t的小型污水处理设施,铺设管网4020m,村内90多座旱厕已全部拆除改为室内卫生间,同时新建有一座AA级、一座A级公厕。庄台有完善的排水系统,人行道采用透水沥青;电力电信有线电视杆线依照统一规划已全部入地;自来水入户率100%。

复合式的产业基地构建

黄庄农产品可以即得即食,具有极强的在地性消费特征,为打造具有特色的乡村休闲型消费奠定了基础。因此,该地区农业产业的特色升级一方面需要打造当地农产品品牌,另一方面可以通过增加农业附加值,将单一的生产基地转变成以生产基地为主、消费场所为辅的复合式产业基地。在政府的推动下,黄庄通过流转0.84km²(1260亩)土地发

村庄导游图

黄庄宣传APP

展高效设施农业，形成有潜力、可持续发展的果蔬采摘、休闲垂钓、优质稻米基地。设计团队通过设计入口标识、田间景观步道系统、宣传网页、农产品包装及导览图，构建多层次的黄庄农业产业体验平台。

易于推广的乡村建造方式

为保证示范工程的推广性，设计团队始终坚持采用低技、乡土的建造方式。建筑改造采用当地常见的砖墙围护结构砌筑方式和瓦屋面结构做法，并通过增加墙内保温砂浆和屋顶保温板，改善房间的热工性能。木廊架的做法也为木结构最为简单的榫卯交接方式。地面铺装采用青砖或红砖铺砌，并结合蝴蝶瓦做收边处理，既方便施工，又可以取得较好的视觉效果。材料的选择也尽量就地取材，砖、木均为当地常用材料。

乡土的建造方式

此外，本项目招募了当地的工人组成施工队，完成房屋修建、围墙篱笆、场院铺装、步行道、田间景观构筑物和栈道栏杆等项目建设，通过现场指导施工队按照设计的要求，达到相应的质量，提升当地施工队的施工水平。本项目实施共招募当地工人70人，为当地工人施工技艺的培养打下了良好的基础。

建造过程

设计师全过程陪伴式规划设计实施

乡建的实施建造涉及的问题较为复杂,需要设计团队能够全程参与指导。为此,设计单位与施工图绘制单位、施工单位建立了一套较为高效的交流沟通机制,以及时发现项目实施中出现的各种问题,控制工程质量。首先,施工图绘制单位专门派遣了工程师驻场监督工程的进展。设计团队也经常赴工地协调问题、指导施工。项目采取 EPC 模式,采用跟踪审计模式,由监理监督项目推进,镇里有专人每天了解项目进度,县督查办定期督查项目进度,确保项目保质保量完成。

村民参与式互动设计施工

在乡间的实施过程中与施工队密切配合,及时发现并共同探讨解决方案。比如在民宿室外环境的改造工程中,设计团队保留了院落里一棵较大的银杏树,但在实施过程中发现树的根基比设想的要浅很多,如根据原有设计标高施工,这棵树会发生倾倒。施工单位发现问题后及时反馈,大家共同商讨调整设计方案。经过协商,将设计标高根据树木所在

建筑师全程设计施工指导

村民参与的地面铺装设计

地面标高进行了设计调整,并重新进行了地面铺装形式的设计。最终树木被成功保留下来,现场也保持了较好的空间效果。

在实施过程中还需要积极调动村民参与设计建造,使工程更具乡土性。对于一些设计,设计单位主要控制一些基本原则,比如材料的选取原则,墙体、地面分隔的收边处理等,对于一些细节则充分调动施工队的能动性,由他们自主建设。随着长时间的设计配合,施工队也逐渐了解到设计者的关注内容,并能够自主地、有意识地参与进行一些细节处理,这种合作模式既控制了工程质量,也由于当地人员的主动参与使得设计更具有浓郁的乡土气息,施工人员自主的地面铺装设计、道路的收边处理、卵石的花纹填充都体现了当地农民的智慧。

成效与启示

成效

经过近两年的特色田园项目建设,黄庄在产业、环境、乡村建设方面均取得显著成效。在农业产业方面,黄庄在地消费型产业明显提升,油桃的亩均收益从之前的5000元提高至8000~9000元。在示范项目的带动下,当地村民已开始参照示范工程做法自发地改善院落环境,体现了良好的示范性作用。经过乡村特色项目的实施,当地民风建设也得到进一步提高,村委会通过积极开展各项文化教育活动,党群议事会、美丽家园评比、卫生院义诊、科普教育宣传、老年人运动会、亲子教育等活动,村民的归属感获得明显提升,也切实感受到黄庄建设所带来的生活质量的提高,项目建设得到村民的一致好评。

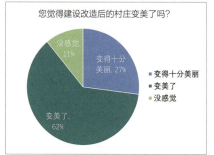
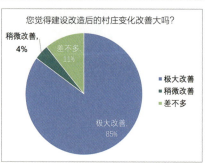

村庄环境满意度调查

启示

对于乡村示范项目的建设，首先，需要设计师的全程陪伴指导以及政府和村民的积极参与，需要充分调动村民的积极性和建造智慧，以实现具有乡土特色的乡村建筑；其次，设计方案要尽量采用当地做法，具有易操作性，使示范工程真正具有可示范性，而不是建筑师个人爱好的设计作品；最后，尤其重要的是政府的带动和协调作用。从黄庄备选到完成项目建设整个过程，高桥村两委一直扮演重要的角色：设计规划方案制定过程中，带领村民与设计师进行沟通；项目筹备阶段积极开展宣传工作，让村民了解建设的内容和意义；破旧房屋与旱厕拆除工作中与镇工作人员做好拆迁工作；建设期间做好施工单位与村民间的沟通协调。

对于项目如何良性运营一直是设计单位和当地政府不断探索的一个问题。为了能让当地村民从项目中持续获益，实现富民的目的，项目主持丁沃沃教授提出了一种由当地乡贤组织村民的运营模式，并多次邀请国内外的专家进行了讨论。对于这种运营模式实践的有效性，目前还在进一步的实践探索中。但是，在当地政府的大力推广下，已经有多名村民返乡创业，并在镇政府的组织下建立了运营公司，开始持续推动乡村发展项目运营工作，这为黄庄的发展振兴带来了可喜的变化。

"桃花源"里的爱莲人家：
无锡前寺舍

前寺舍村自2018年以来，全力打造省级特色田园乡村，环境进行了全面整治，基础设施全新到位，打造文化旅游品牌已初成气候，"芹藕套种"的景观农业成为网红打卡地之一。2019年自驾来这里采桃、游览的客人达近4万人次，比上年增加25%左右，村民人均收入从前年的4.5万元升至去年的6万元。村民富裕了，见识多了，文明素质也提升了，村里的纠纷明显减少了，提出的好建议也多了。

《无锡日报》2020年1月13日

赵 毅 江苏省城镇与乡村规划设计院副院长，研究员级高级城市规划师

陈梦姣 江苏省城镇与乡村规划设计院城市规划师

徐子涵 江苏省城镇与乡村规划设计院城市规划师

前寺舍：桃园之乡的"爱莲"传说

无锡阳山，中国水蜜桃之乡。火山岩层的独特地质造就了这里优质肥沃的土壤，孕育了闻名大江南北的阳山水蜜桃。每逢阳春三月，这里便可见漫山遍野的桃花，在山水相映之下格外旖旎动人。前寺舍便是掩映在这桃花林中的村庄。**隶属桃源行政村的前寺舍，临水而坐，环拥桃园，和大阳山与长腰山相望，生态环境优越。**

前寺舍村与宋代理学大师周敦颐及其后人有着深厚的历史渊源。清雍乾年间，周敦颐第二十五世孙周子英带全家迁于此地，繁衍至今，子孙耕读传家，恪守祖宗遗训，除种植稻麦瓜果以外，兼种与莲花有相通之处的水芹为副业，以寓清白做人之志。

前寺舍因位于历史上翠微寺的僧侣居室之前，故名为前寺舍。前寺舍村76户人家，296人，均为周姓。村民大多以种植水蜜桃为生，桃园面积占本地耕作面积的98.6%，农业产业经济效益良好，村民生活富裕。然而，尽管前寺舍拥有较为明显的产业、文化特色，但在2017年以前，这里的许多故事却常年埋没在它的"平凡"之中——村庄环境对文化特征的彰显力明显不足；水蜜桃产业基础较好，但产业链单一，与周边同质化严重；公共服务设施配套存在一定短板；村民虽然同姓，但彼此各自生活，村庄凝聚力不强等。

2017年，随着江苏省特色田园乡村工作的开展，前寺舍入选了江

试点建设前的前寺舍村

苏省首批特色田园乡村建设试点。设计团队经过深入的调查和讨论，确立了"桃理人家·诗酒田园"的主题定位以及"做优桃产业、传承莲文化、保护水生态、共享慢生活"四条核心发展理念，通过多方两年来的通力协作，前寺舍特色田园乡村已取得了令人称赞的成效。

"莲文化"主导空间环境提升，延续"爱莲"精神与乡土文脉

理学大师周敦颐后人建村的历史渊源以及"爱莲"的文化内核，是前寺舍最具特色的文化名片。设计团队着重关注莲文化符号在空间环境中的彰显，尤其是利用现有的空间资源来承载村庄文化内涵，进而唤醒村民的人文意识与文化认同感。在此思路下，规划设计通过增设公共建

村庄规划总平面图

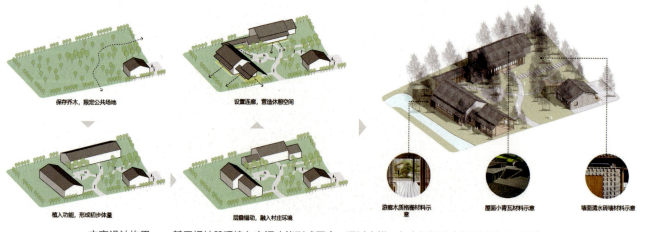

方案设计构思——基于场地肌理植入空间功能形成围合，通过交错、灰空间的融合等手法生成建筑体量

筑、优化提升滨水空间等方式，重点塑造了村庄西侧的公共界面，形成"莲文化"主题区。

周氏名贤馆——传承乡村历史

在村庄北侧入口利用闲置用地打造周氏名贤馆，提取乡村建筑空间中"归隐""层叠""游廊"等特点作为设计概念，采用传统朴素的建筑风格以与村庄环境相协调；建造上利用传统青砖灰瓦、本地石材及收集的磨盘等老物件作为主要建筑材料，并强化传统建造工艺，体现了乡土趣味；建筑功能上考虑对内与对外服务部分的转化和秩序性，各单元合理有序且可独立成区。建筑西侧的场地设计在保留原有乔木的基础上，增加了小游园、爱莲墙、曲水流觞、乡村舞台等丰富内容的搭配组合。周氏名贤馆不仅为村民提供活动、议事的公共场所，同时作为前寺舍的周氏家谱、历史文献、名人名事的珍藏展示空间，记载历代以来的文化传承，教育后人树立良好的家风。

先祖周敦颐与前寺舍周氏历史迁徙图

勤廉池、爱莲桥——延续乡土文脉

对村庄西部的水塘进行重点生态改善与清淤处理，并于此种植各类莲花。后期建设过程中又将莲花与水芹套种，命为"不忘勤廉（芹莲）池"，宣扬廉洁自好的优良传统品德。结合道路拓宽整治，在水塘上增设一座爱莲桥，对景处放置一处乡土风格的茅草亭灶台，向东连通周氏

院落中庭曲水流觞与乡村舞台

周氏名贤馆——石板、青砖、老磨盘、阳山石、乡野植物组合成的现代田园画

村口标识——阳山石、白墙、青砖的材质组合以及墙檐、村庄 logo 等设计意向

村庄 logo 设计：以莲花为主体意向，花蕊中心融入"周"字，体现前寺舍的主要文化特色

爱莲池（勤廉池）设计方案

爱莲桥与茅草亭

茅草亭：以桃木枝搭建景观墙，通过茅草、木材、青砖等乡土材料，营造乡土风味

名贤馆的场地；在北部入口处，使用本地阳山石、青砖等材质，设置一处体现乡土特色与莲文化特征的村口标识。

观莲台——彰显田园风情

村庄西南侧原有一处荷塘，夏季时荷风沁人，一面朝向田园，一面朝向村庄，拥有良好的观景视野。在此处设计建造一处较高的观景平台，名为"观莲台"，作为荷塘边的标志性构筑物，于台上往北可纵览村庄全貌与眺望大阳山，往南则可俯视一池碧莲与外围田野，是欣赏村庄田园风光的绝佳观赏点。

"桃理"文化激发全产业链拓展，打响前寺舍地域品牌

立足国家地理标志产品阳山水蜜桃种植业，前寺舍针对现状每户种植空间零散、管理销售方式落后等问题，通过土地流转、规模化、精品化种植提升品质，深耕"互联网+"。自开展特色田园乡村建设试点的两年来，前寺舍水蜜桃亩均产值逐年增加，2019年达2.2万元，比阳山镇平均水平高22%，利用电商平台增加营销推广渠道，每户增收1万元，前寺舍在阳山镇水蜜桃种植村中脱颖而出。

延伸桃产业链，开发桃产品，同时结合周氏酿酒技艺、传统美食制作技艺，发展村庄二产，创建"寺舍品牌"。"寺舍牌"桃胶、桃蜜饯、桃护肤品、桃木雕刻、周氏家酒、大麦饼、青团、莲子、八宝饭等已成为了这里炙手可热的伴手礼。

　　水蜜桃产业的蓬勃发展和乡村莲文化空间的塑造，为前寺舍乡村旅游业的发展提供了沃土，前寺舍一跃成为阳山镇乡村旅游亮点村。2018年、2019年前寺舍连续两年成功举办了"寻找阳山的年味"活动，吸引了CCTV、中新网、无锡市地方电视台多家媒体前来报道。在2019年第23届中国阳山桃花节期间，阳山旗袍队环村走秀，村民助力阳山半马，阳山镇《我和我的祖国》视频在村内取景，前寺舍乡村旅游业大放异彩。村庄知名度的提升，也吸引了外出务工的前寺舍村民周远东等人返乡创业，目前前寺舍已经开办"有信阁""天府庄园"两家民宿，"老周家"一家餐饮。随着前寺舍对"桃理"文化的深入挖掘，一二三产融合发展，村庄活动越来越多，2019年接待各地参观团队近180批次，户均旅游收入增收4500元，村民对村庄发展前景信心满满。

桃胶

桃花香皂

桃木雕刻

周氏家酒

大麦饼

桃花节旗袍秀

2019年"寻找阳山的年味"活动

乡土情怀引领乡风建设，弘扬周氏家风，增强集体凝聚力

为推进前寺舍乡村振兴工作，镇政府与村委鼓励村民以各类方式参与到村庄建设、管理、维护中来，增强村民的主人翁意识。

2017年9月底成立由党小组、村民自治理事会、监事会共同组成的"微自治"小组，为前寺舍特色田园乡村建设出谋划策，向百姓传达乡村建设工作精神并解决纠纷和矛盾。前寺舍12名党员充分发挥自身的模范带头作用，将党建工作与村建工作、村庄管理相结合，通过划定党员责任区等方式，扎扎实实地为村民服务。村民自治理事会，充分发挥村民自治权利，积极推动民事民治、民事民办、民事民议，开创村民自我服务、自我管理、自我决策的新局面。

在精神文明建设方面，村庄陆续开展了"诵家风""写家训""晒家谱""传家书"等系列主题实践活动，充分挖掘了周氏家族廉洁、和谐、孝道、劝学、劝善、勤俭、励志、修养等方面的家风好基因，增强了村民凝聚力。"同姓亦同心"，随着乡村活动开展与乡风建设，大家变得更

"微自治"小组讨论村庄发展

加团结，为村庄发展集思广益，出谋划策。

结语

在各方的齐心努力下，前寺舍发展正旺，无论村民还是村干部都能明显感受到特色田园乡村的建设给村庄带来了由内而外的质的改变，正如一位村民所说："村庄环境整治好了，到处变得更漂亮了；家乡的名气变大了，有越来越多的人来参观游玩，水蜜桃卖得更好，自家手工、农副产品有了销路，腰包鼓了；大家精神面貌越来越好，齐心协力为家乡做贡献，每个人脸上都洋溢着幸福的微笑。"

前寺舍特色田园乡村的发展根基于其扎实的水蜜桃产业、良好的经济基础，并通过优秀的家族爱莲文化内涵将自身特色进一步发扬光大。在这一过程中，产业与文化两方面相辅相成，桃产业通过莲文化有了更大更广的延展，莲文化借助桃产业获得了自我实现，其结果则是村民在物质和精神方面获得了双重收获与提升，村集体获得了更多名气、影响力以及社会资源。前寺舍"产业和文化相结合"的发展模式为苏南发达地区实施乡村振兴提供了一种典型思路，对全省乃至全国乡村发展亦有良好的借鉴意义。

苏北水乡的乡土精神再现：
宿迁双河村

在特色田园乡村建设过程中，设计人员充分运用农具元素，突出村落风貌，材质主要以旧灰砖与特色纹饰及瓦片相结合，不同区域以特色元素为主题，艺术转化运用到公共景观的装饰，致力打造田耕农乐型的特色田园村落。今天，白墙黛瓦的村庄与水清岸绿的生态环境交相辉映，一条水景融合田园风光的生态走廊正在悄然形成。该村还大力发展石榴产业，约 1.07km² (1600多亩) 石榴带动150多名群众实现家门口就业。

人民网 2018 年 3 月 29 日

汪晓春 江苏省城镇与乡村规划设计院技术总监、研究员级高级城市规划师、国家注册城乡规划师

葛早阳 江苏省城镇与乡村规划设计院城乡规划师

宿迁市宿豫区曹集乡双河村地处宿迁市近郊，距离宿迁市中心区仅10km，是典型的城郊型村庄。伴随着宿迁中心城市的快速发展，城市近郊区"灯下黑"问题在双河村尤为显著，村庄产业基础薄弱，大部分青壮年都选择外出打工。全村共有164户，590多人，但在2017年前，村庄几乎只剩下老弱妇孺留守，是名副其实的"空心村"。田园荒废，设施配套滞后，村庄面临着严峻的发展危机。

2018年，双河村入选江苏省第三批特色田园乡村试点。以此为契机，宿迁市提出以村庄人居环境提升和风貌特色塑造为抓手，打造以双河村为中心的城市近郊"五朵金花"乡村旅游示范带，探索城郊型旅游乡村振兴的模式。自此，双河村的发展轨迹发生了重要的转折。

立足城郊型乡村，双河村规划强调"特色引领、融合发展"。首先，通过挖掘自身乡土资源，打造村庄产业特色、建筑特色和空间特色，吸引城市居民"下乡"消费，发展短途休闲"微旅游"，拉动村庄经济发展。其次，将小村庄的"可供应产品"置于大城市的"新兴需求"之下，依托示范带做优特色农副产品，利用城市近郊便捷的运输网络，建成宿迁市城郊果蔬配送基地，满足宿迁市区居民对高品质、新鲜、绿色农产品的需求，建立能够良性互动的新型城乡关系，保障城郊乡村的长期可持续发展。基于这样的理解，规划设计团队深入挖掘双河村特色资源，了解村民意愿，与镇村两级协同发力，通过精细化设计，双河村旧貌换新颜，乡村振兴的现实路径初现端倪。

改造后的双河村

溯源传统，创新发展——重塑乡土民居

根据调查，建设伊始的双河村空心化现象严重，人口结构严重失衡（90%以上的青壮年在外打工），村庄整体破败，农房因长期缺乏管护，

民居门头、围合改造方式引导

经营性农户改造策略

风貌较差。双河村农房大多是 2000 年以前建的 1～2 层建筑，高墙围合院落，建筑形式缺乏特色。为了在建筑风貌中赋予双河村新的乡土精神内核，让双河村成为城市居民寻找乡愁的"记忆之乡"，设计团队为每户居民建立了农房档案，详细记录了院落空间形式、农房外立面及内部功能，并与农户进行反复沟通，确认需求后，对双河村 164 户进行分类改造。

为了增加双河村辨识度以及文化认同感，设计团队仔细研究宿迁传统民居特点：受两汉文化的影响，宿迁地区的民居建筑风格有其遗韵，屋脊舒展而刚劲，檐下砖构封檐结构清晰。由于既有客观条件制约，宿迁地区老百姓收入相对偏低，地表的林木也不丰富。因此，在传统的民居建筑中，结构较为简易朴实。在建立基本认知的基础上，遴选传统的屋脊、门头、砖墙作为特色要素，提炼表达，在双河村民居改造中适当运用。民居屋顶保留原有的瓦片，屋脊统一采用具有苏北特色的清水脊，增加木线脚丰富檐口细节。

设计团队按照功能将双河村的院落分为提供旅游服务的经营性农户和一般居住功能的农户，针对院落空间及围合方式提出差异化和多样化的引导策略。经营性农户的院墙强调开放性，尽量做矮或者在现有封闭的院墙上做多样化的镂空以增添趣味性，院内空间形式尽量有利于组织农家乐和民宿经营，院内绿化也应适当活泼有观赏性。其他农户可以保持私密性，院内空间组织有利于生产生活，院内绿化可用做菜地。

设计方案在与村民沟通和实施过程汇总后根据实际情况持续优化，原设计方案中鼓励建筑墙体尽量恢复原有材料，但是在施工中发现很多

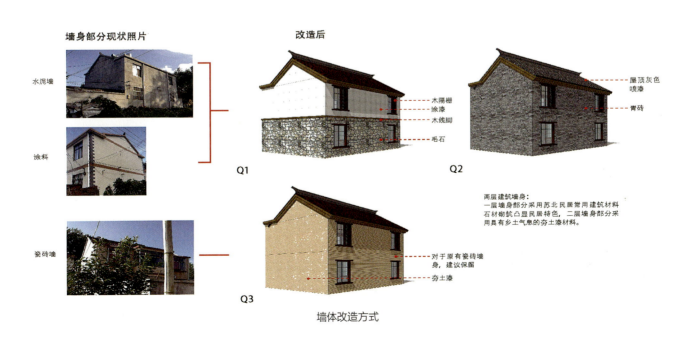

墙体改造方式

民居墙体因为厚厚的水泥和凌乱的瓷砖覆盖难以处理，经过与村民的充分沟通，提出部分采用夯土漆和白墙的解决方案，也因为这样的改变让原有统一的青灰色村庄少了一份沉重，多了一抹活泼，起到了意想不到的效果。

双河村是苏北著名的"砖瓦之乡"，设计团队在双河村民居改造中注重展现乡土营造技艺的魅力，通过多样的砖瓦砌筑方式创造出丰富的民居院落，再现了质朴、稳重的苏北民居乡土精神。同时，在建设推进过程中充分考虑废弃建材的再利用问题，创造出丰富多样又与村庄环境和谐统一的特色小品，起到了"点睛"的作用。

双河村民居改造的过程激发了村民参与的热情和集体意识，南五组村民赵书宏，是双河村留守原住民中的一员，年近七十岁仍然积极参与到村庄住房改造的过程中，将剩余的建筑废料收集起来，搭建门前菜地围合以及院落内部的花坛、葡萄架，现在成为双河村的环境整治标兵户。因为这样的改变，他的子女深受感染，现在已回乡帮助父亲经营农家乐，家庭整体收入水平大幅度提升。截至 2019 年 6 月，双河村已经完成 64 户农房改造，整体效果初现，受到村民的普遍好评。他们说，相比起以前大家一窝蜂地想进城买房，现在更想住在双河村，现在的双河让他们更有归属感和自豪感。

特色回归、功能破局——重建空间体系

双河村拥有长达 1.5km 的滨水岸线，民居院落三到五户一排，以河道为轴，垂直展开，形成短"非"字形格局，整体形态具有苏北地区滨水乡村的典型特征。

改造前的双河岸线凌乱，杂草丛生，水系和建筑生硬割裂，缺乏联系，民居院落行列排布，风貌雷同，辨识度很低。规划的核心理念是通过建立"滨水廊道－巷道"有机联系的空间体系，再现传统"苏北水乡"的空间精神，同时服务于村民生产生活和旅游活动。

首先，通过对河道及周边农房的充分梳理和对村民意愿的认知考量，设计团队从双河村最重要的自然资源——滨水廊道入手，并以此为线索，找到重建双河村特色空间体系的脉络。基于双河村的产业发展需要，规划将岸线划分为生活界面和商业界面，通过制定不同的策略引导提升滨水空间的风貌和亲水程度，并在滨水岸线中梳理出重要节点，串联各类主题活动，以期凸显双河村"以水为核、沿水生长"的空间肌理特征，打造一个居游共栖的苏北旅游乡村。商业界面是双河村的"旅游功能和颜值展示担当"。这一段滨水空间的设计更突出鲜活丰富。通过乡土多样的商业外摆形式、一系列以"石榴"为主题的特色小品以及色彩活泼明艳的乡土植物来烘托热闹的商业氛围。双河村的滨水地块都是村民的自留菜地，随着村庄环境改善，许多院落临近商业界面的村民主动让出了滨水菜地，让原本围满各种铁丝网的菜地变成了景观优美的滨水休憩场所，水边种植了亲水植物，岸边修起木栈道，让原本无人问津的地方变成了游客最爱停留和村民休闲聊天的好去处。已经投入使用的北片区旅游服务中心节点，设计方案的规模为 340m² 左右，施工阶段被放大到 450m²，跟踪

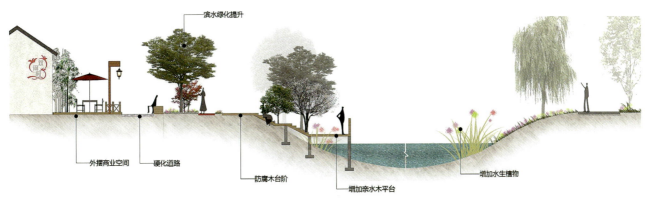

商业界面断面设计

旅游服务中心广场设计图

旅游服务中心广场建成效果

旅游服务中心兼党建中心建成效果　　　　　节点广场小品建成效果

回访中，意外发现这个节点在周末的时候是游客喜欢逗留的地方，平时傍晚就成为村民最喜欢的广场舞聚集地。

生活界面是双河村"留住乡愁的本底"。这一段滨水空间的设计内核是"宁静田园"，是让原住居民能有归属感的"田园之家"，城市居民能近距离感受乡愁的"诗和远方"。设计引导生活界面使用自然驳岸和菜地绿化，最大限度地保留乡村田园特质。双河村特色田园乡村建设激发了村民的公共意识，村民在管护自己菜地的同时注重维护公共空间的整洁卫生，让村庄环境卫生得到长期有效的维护。

其次，为了让村庄形成透水见绿的田园景观，设计师沿着滨水岸线

生活岸线断面设计

改造前后的双河滨水生活岸线

将原有条状趋同的院落空间格局进行分割、重组，组合成多个不同主题的建筑组团。组团间廊道为村庄周边的水系和绿地建立了联系纽带，形成了双河村空间体系中的主要"巷道"。

巷道的形成和组团的塑造息息相关，设计师在现有建筑基底上通过差别化铺装形式和优化道路结构体系来区别"组团间"和"组团内"的场地性；通过选择不同的乡土适生植物作为双河村各组团的主题绿化来凸显各组团识别度；通过梳理组团内部形态各异的闲置空间增加特色小品打造村民交流场地来找到村民的归属感。这种设计方法从根本上打破了苏北村庄行列式布局带来的形态雷同、风貌沉闷的问题，提升了村庄活力，为双河村特色空间体系的建立提供了重要支撑。在双河村"巷道"空间建设的过程中，村民积极参与，发挥创造性，现已形成很有地域特色的"茄子街"和"豆角巷"。

植根本土、找准路径——重构发展模式

双河村作为宿迁市"五朵金花"乡村旅游示范带上的核心节点，规划从村庄土地入手，通过细致梳理村庄农业发展基础，推出特色农产品。双河村土壤透气性好，土中微生物活跃，土质疏松，靠近河道，灌溉条件很好，非常适宜种植石榴。以这个核心资源为起点，深挖石榴产业的浅层和深层内涵，通过可实施性分析，明确落地项目，构建双河石榴特色产业发展体系，讲述一个关于"石榴"的乡村发展故事，为双河村积极融入宿迁市"城乡互惠"体系提供了鲜活的切入口。

石榴产业的浅层内涵即为改良品质，扩大种植面积，走精品化发展路径，引导石榴初加工，增加现有石榴产业附加值。在规划的引领之下，2018年，双河村集体与上海客商签订了0.24 km^2（360亩）土地承包合同，并与农科院频繁对接，先期试种突尼斯软籽石榴，经过一年的尝试，石榴长势良好，经专业机构检测，果质优秀，并申请了"双河石榴"地理标志。村庄及周边407户农户纷纷加入石榴种植的行列，建立了双河石榴专业合作社，实现专业化运营管理。截至目前，双河村已流转土地约1.73 km^2（2600亩）栽植突尼斯、广清软籽石榴，沿幸福大道两侧的约0.13 km^2（200亩）石榴采摘园按照规划建成落地，产业规模初具成效。同时，村集体计划年内投资800万元，盘活村内5500 m^2闲置厂房，建设集分拣包装、冷藏仓储、产品展示、电商销售为一体的石榴产业中心，开发石榴饮料、石榴酒、石榴干等衍生产品，利用互联网及各类农副产业产销会，积极向外推广。

石榴产业的深层内涵即通过深挖石榴文化价值，延长产业链，发展

双河村乡村旅游。石榴在中国传统语境中有"多子多福"的意思。通过对宿迁市近郊乡村旅游示范带沿线其他四朵金花的功能形象进行差异化分析，以及对宿迁市区居民休闲旅游的特征以及消费行为的分析，双河村的旅游项目选择对准宿迁市的年轻家庭和情侣，发展亲子旅游产业和婚俗产业，深度契合"城乡互惠"的精神，满足城市居民亲子教育、放松身心、亲近自然等方面的需求，拉动乡村旅游产业发展。

规划在村庄中置入全时段、主题化的活动，充分利用村庄特色空间——滨水岸线组织活动线路，通过幸福大道的天然分隔，划分南北两个主题片区。北侧依托滨水环线，置入榴园亲子民宿、榴园农家乐、滨水科普认知课堂等活动空间，打造主题为"寻找榴花园"的亲子活动片区，在南侧打造滨水商业街，增加乡愁记忆馆和特色婚俗餐厅，形成主题为"榴金时光"的传统婚俗体验片区。

随着丰富多样的主题游览路径和活动体验项目的逐步落地，双河村旅游产业发展前景整体向好。2019年10月3日，第一届双河石榴采摘节开幕，吸引了大量游客，双河村南五组的村民周广军利用这一机会

双河村石榴产品及展示中心

双河村石榴采摘园

在自己经营的农家乐推出了"品味双河"系列乡土特色菜，仅"十一"期间收入近3万余元。在这样良好的示范带头效应下，双河村已经有十余户村民开始自发改造院落，准备经营民宿或农家乐等项目。双河村集体积极开展田园招商会，吸引了各类社会资本约1860万元介入项目开发建设，为植入文化创意、婚庆、民宿旅游等新经济、新业态创造了有利条件，有效扭转了城市近郊乡村破败的"灯下黑"现象，从根本上实现了人口回流，产业兴旺，乡村振兴。

双河村在特色田园乡村建设实践中，准确抓住城市居民新兴消费需求，突出自身优势资源，将问题转化成发展机遇，通过重塑乡土建筑精神以及深挖村庄整体空间特色，做深"石榴"产业来实现乡村发展。如今的双河村，村庄活力和村民收入大幅提升，找到了一条苏北城市近郊旅游型乡村的发展之路。

规划共谋 空间共建 村民共享：
泰州祁家庄

泰州泰兴黄桥镇祁巷村紧紧围绕"生态优、村庄美、产业特、农民富、集体强、乡风好"的总体目标，充分发挥基层党组织的战斗堡垒作用，以"党建+"的思路，坚持党员干部率先垂范，祁巷村把特色田园乡村、星级家庭创建作为培育和践行社会主义核心价值观的有效载体。

祁巷村通过召开动员大会、村民大会、党员大会等形式，鼓励和引导群众积极参与特色田园乡村创建和星级家庭评选，营造"人人知晓创建活动、家家争做创建模范"的良好氛围。至今，组织召开党员会、群众会20余场次，发放宣传材料2300多份、制作横幅20多条、印发倡议书3500多份，充分调动了广大干部群众参与创建活动的积极性，使得社会主义核心价值观内化于心，现代文明家风外化于行，着力打造留得住乡亲、乡情和乡愁的田园风光、田园生活，使特色田园乡村既有"颜值"，更有"气质"。

人民网 2018 年 4 月 1 日

童本勤 南京市规划设计研究院有限责任公司
总规划师

吴靖梅 南京市规划设计研究院有限责任公司
副主任

祁家庄位于革命老区泰兴市黄桥镇东部，隶属祁巷行政村。村庄面积约268hm²，共有农户826户，人口2626人。

提到祁家庄，就必然会说到村庄的带头人"单腿书记"丁雪其。1996年，祁巷村委会换届选举，丁雪其被众多村民推选为村委会主任。从此，丁雪其带领村民通过发展现代农业、猪鬃生产和乡村旅游等村集体经济，从一个负债200多万元的落后村，发展为苏中地区闻名的"明星村"。丁雪其也由村委会主任被推选为村党委书记、江苏省人大代表、全国农业劳动模范。

在特色田园乡村创建过程中，丁书记一如既往地发挥了"领头雁"的作用，充分调动村民参与特色田园乡村建设的积极性，集全村干群智慧，与设计团队互动，激发特色田园乡村规划设计灵感，既体现了祁巷人心往一处想、劲往一处拧、艰苦奋斗的拼搏精神，也探索了公众参与下的乡村振兴之路。

村里先后召开了6次村委会议、4次部门会议、8次规划设计项目汇报会和3次全体村民大会。采用每户发放征求意见书、网上村委会、微信群等形式，多管齐下，共征集意见1500多份，其中有价值的信息达到1392份，极大地激发了村民建设家园的热情，使专业的规划设计与村民的现实需求更加契合；使特色田园乡村建设过程成为规划共谋、空间共建、村民共享的村庄再发展过程；使这个田园基底一般、缺乏特色的村庄快速发展成为有活力、有文化的特色田园乡村，也成为美好环境与幸福生活共同缔造的鲜活实践典范。

多次召开会议征求各方意见

规划共谋

统一建设发展思路

针对村庄人多地少、村落集聚度高、产业发展粗放、缺少田园乡村意境等问题，在规划前期，设计团队分别与村领导班子、中心户长、村民代表、党员代表、乡贤能人等多次座谈，找出了20多个现存问题，经归纳总结为三大方面，在此基础上统一创建发展思路。

（1）从各自为政到三产融合，产村联动发展

祁家庄产业发展基础好，类型多，但香荷芋、小杂粮种植、猪鬃加工、小南湖乡村旅游等产业各自为政，自身也没有形成上下游产品。许多村民担心产业发展的可持续性不强，乡村旅游易遇到同质化竞争。因此，规划提出需利用现有基础，找准特色产业，强调三产融合，与村庄联动发展。

（2）从相互独立到空间整合，营造乡村意境

2010年建设的小南湖现为国家AAA级景区，每年接待游客25万人，拓展基地每年接待学生10万人次。但这些设施都与村庄相互独立，大部分游客及学生都不进村。许多村民反映这几年的建设都集中在景区，忽视了村庄内部的环境和配套建设。因此，规划提出营造田园乡村意境，加强配套设施，促进村庄与景区协同发展。

（3）从文化迷失到重现乡愁，体现地域特色

祁家庄在过去的建设中，村干部和不少村民已经认识到文化的重要性，但是不知如何找准抓手。因此，规划提出深入挖掘传统文化内涵，传承地方文脉、重现乡愁记忆。

从"一村一品"到"三大板块"产业协同发展

依据当地高沙土自然条件和香荷芋现状品牌基础，设计团队从"一村一品"的发展理想提出了"芋子园"的发展主题。在村民意见征询过程中，丁书记提出现状猪鬃加工已吸纳本村劳力300多人，是支柱产业之一；中心户长丁新生提出发展高效农业；村民代表丁正兵提出发展乡村旅游；乡贤能人丁其全提出办好泰州市中小学生培训拓展基地等意见。经反复讨论后，最终形成以"香荷芋品牌"建设为抓手，"高效农业、猪鬃加工、亲子旅游"三大产业板块协同发展策略。

延伸产业链，促进全民就业

（1）主打高效农业品牌

以"香荷芋"为特色，吸引了台资企业，开发香荷芋深加工产品。以高效农业为基础，成立了五个农业专业合作社，通过统一包装、统一品牌和统一销售，提高知名度和销售额。目前全村拥有农副产品销售专营店6家、电商28家，"祁巷牌""雪其牌""小南湖"等具有地域特色的农产品品牌已经在省内形成一定影响力。

（2）提升猪鬃加工技艺

根据村民反映，现状各家分散加工猪鬃会产生气味和污水，影响村庄环境。规划在村庄南部集中布置猪鬃加工区和污水处理设施。重点提升猪鬃的加工技艺，延伸发展附加值高的猪鬃文玩刷子、猪鬃按摩梳等

高附加值产品。同时，在乡邻中心内设置猪鬃加工技艺展示场所，集体验制作、销售、纪念等功能于一体，扩大猪鬃产业影响力。

（3）拓展乡村亲子旅游

依托小南湖国家 AAA 级景区、泰州市唯一一家中小学生培训拓展基地和组织全国钓鱼比赛的基础，积极开拓农耕文化体验、公共安全实训以及人防教育等主题亲子旅游。规划在小南湖景区和各个亲子活动基地周围布置相应的服务设施和临时摊位集中点，在小南湖景区北侧引导开发民宿以及农家乐等项目，采用"村民入股、收益分红"的方式，带动了乡村服务业的发展。

实现产业与空间联动发展

（1）农业与景观联动

在讨论乡村景观设计过程中，不少村民自豪地说"我们的农作物就是最好的田园景观"。因此，设计团队通过和农委、村委共同谋划，优化一产布局，以产塑景，打造"春有油菜花、夏有香荷芋、秋有荞麦花、冬有雪里蕻"四季皆有风光的美丽田园景观，实现"农业+景观"格局。在村庄内部，通过微田园的整理，利用瓜果蔬菜、自繁衍花美化农户庭院，形成有机融合的乡村田园景观。

（2）景区与村庄联动

在考虑小南湖景区和村庄联动发展时，有 70% 的村民反映现有的道路规划方案虽然没有拆迁、好实施，但离村庄相对较远，村民使用不方便，游客不进村活动和消费。设计团队通过和交通部门的多次沟通，最终选择村庄西侧现有的滨水路进行拓宽，既方便村民出行使用，又推进了村庄与景区的联动。

（3）闲置资源与三产发展联动

设计团队深入到村民家中调查意愿，找出闲置房屋资源 5 处和 40 多户家庭有意向办民宿及农家乐。为此，设计团队和村委共同策划提出 4 种发展模式供选择，分别为"村民直接投资、村民参股、租赁住房及集中养老"。目前，全村已有农家乐 22 家，民宿 15 家，有力推动了乡村旅游的发展。

乡村农旅品牌打造

空间共建

转土地，营田园

根据大多数村民希望流转土地的意愿，设计团队对一产布局进行了优化，推动土地综合整治。全村共流转土地 1.908km²（2862 亩），创建了"千亩香荷芋蔬菜种植基地"和"千亩花卉苗木基地"，开辟了约

0.3km²（461亩）小杂粮种植基地和约0.13km²（200亩）高效瓜果采摘基地。村民通过土地流转，每年可以得到每亩800元的土地流转费和200元左右的合作社分红，村民在土地上打工，每天可以获得50～70元的收入。

挖资源，连线路

在村民代表及乡贤能人的推荐下，设计团队寻找、挖掘了8处特色资源。针对不少村民反映村内南北之间联系不够方便的问题，为串联特色资源和空间节点，规划增加两条"纵向联系"的慢行绿道，改善了依水而居"横向单调"的空间形态，与现有滨河道路一起形成步移景异、且行且游的慢行文化线路网络。

街巷整治前后方案示意

塑节点，提形象

乡邻中心既是农民食堂和办红白喜事的大型场所，也是小南湖景区和拓展基地的配套服务设施。最初村委希望靠近小南湖景区新建，便于展示形象，但是设计团队和大部分村民认为那样不便于村民使用。最终选择村里的弃置小学进行改造。在改造过程中，提出"留、改、建"的改造策略和"家"的设计理念。在建筑风格选择上，82%的村民选择了粉墙黛瓦方案。因此，最后设计团队采用了粉墙黛瓦加当地传统屋脊元素实施。

乡邻中心设计方案

村委会广场是村民经常办事、活动、聚会的地方，村民反映该广场夏天很晒，没有坐凳，景观环境不舒适。设计团队通过"文化廊亭分割、场地绿色软化、增加家具小品"等手段，改变了尺度大、空旷的硬质环境。

理水系，整环境

对全村河塘进行梳理，通过清淤、生态护坡、织补联通，活化使用滨水空间，并沿河设置洗菜台；对村民住房和自家院落，鼓励自主清理和自我完善；在村庄主干道和公共设施节点都配备了节能路灯；建设12座小型污水处理设施、1座大型污水处理站和6座三类水冲式公共厕所；建立6个垃圾分类集中收集站，为每家每户都发放了干湿分离垃圾桶。

乡村水系环境改善

承传统，显文化

祁家庄是一个远近闻名的建筑村，村内目前有6处老建筑，百年坚实的糯米墙、油光泽亮的地砖、考究的穿梁椽显示了厚重的历史价值，村民也都希望能留下来作为村庄历史的记忆。由于老宅主人已决定随子女去外地定居，经设计团队与村委商定后对其进行收购，将其作为村史馆使用。对目前历史建筑相对集中的组团，规划建议作为野奢民宿集中保护、展示和利用。

设计团队与当地工匠丁文寿共同合作，对老建筑（特别是百年老宅）进行了系统剖析，提炼了泰式民居小刀灰砌墙、屋脊、刨磨砖、瓦片装饰等传统建筑元素，以此进行围墙、门户改造引导，形成地方特色街巷风貌。在创建过程中，全村共有46名能工巧匠参与施工建设。

通过宣传农家乐"祁巷八大碗"，推动农家乐餐饮文化；组织祁巷

七架梁和外廊　　　青砖黛瓦小刀灰　　　做屋脊、刨磨砖、瓦片装饰

乡村建筑特色彰显

演出踩高跷挑花旦、小杂粮基地木栈道表演舞龙舞狮、小南湖上进行龙舟比赛等活动，拓展非物质文化；出版村志、美丽祁巷等刊物，宣传彰显祁巷传统文化。

村民共享

环境改善

村庄环境整治基本完成，基本建成了乡邻中心，改善了村庄入口形象；完成了"美食一条街""民宿一条街""农特产销售电商一条街"和村委会健身广场的升级改造，初步构建了文化活动路径。

收入增加

村民通过土地流转，每年可以得到每亩 1000 元的土地流转收入，参加蔬菜大棚或者企业务工收入每年每人 2 万元左右，合作社股份分红每户 1000 元左右。全村居民人均可支配收入从 2016 年的 20 121 元上升到 2018 年的 21 872 元。村级集体经济收入从 2016 的 168 万元上升到 2018 年的 254 万元。

劳力回流

特色产业培育初见成效，产业链基本形成。创建了省级创业孵化示范基地，基地内创业实体 91 家，引进高校毕业生 3 人，提供各类就业岗位 300 余个。2018 年，80 多位乡贤能人回乡，自发成立了祁

祁巷八大碗

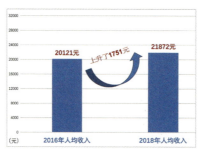

2016 年与 2018 年人均收入对比

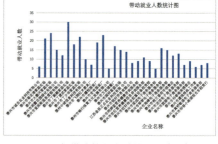

2018 年带动就业人数统计图（人）

巷乡贤理事会，助力推动祁巷产业接二连三发展。

影响扩大

近年来，祁巷村成功承办了三届泰兴市乡村文化旅游美食节和"中国泰州香芋节"，两届泰州市嘉年华乡村旅游美食节，吸引了大批宾客来祁巷观光休闲，品尝香荷芋，也推动了香荷芋规模化、产业化发展。同时，成功举办两届全国钓鱼大赛，带动了人气，宣传了村庄。

感悟与启示

"公司+农户""合作社"等组织模式的创新：根据地少人多的现状和资源特点，针对不同的产业基础，探索组织模式的创新途径，调动各种积极性。

头雁领航，集体团结共同致富：头雁领航，群雁齐飞，村庄的发展建设中，有一个好的带头人至关重要。在带头人的带领下，在村民的共同努力下，心往一处想、劲往一处拧，才能做到集体与个人的共同发展。

争取政策、合作互赢：充分利用对村庄发展有利的政策，积极找寻外部可利用资源，争取与部门、企业、个人的多方合作。

建立行之有效的长效机制：包括规划设计实施的"设计师负责制"、严格的项目招标与监管制度、环境整治的管理机制以及行之有效的奖惩机制。

文化建设引领下的"香"村振兴实践：
徐州马庄村

自启动特色田园乡村建设试点以来，马庄村依托潘安湖景区旅游蓬勃发展态势，大力发展香包、农家乐、特色民宿等产业，村民在家门口实现就业，2018年集体收入350余万元，人均收入超过24 000元。该村已建成以近万平方米民俗文化广场、50座仿古建筑农家乐以及集田园景观农业生产体验区、乡村休闲垂钓区、绿色蔬菜瓜果采摘区于一体的综合性农家乐体验中心，文旅马庄品牌效应已初步显现，先后荣获"全国文明村""中国十佳小康村"等荣誉称号。

《农民日报》2019年2月27日

赵 毅 江苏省城镇与乡村规划设计院副院长，研究员级高级城乡规划师

黄丽君 江苏省城镇与乡村规划设计院主任工程师，高级城乡规划师

马庄村，隶属于徐州市贾汪区潘安湖街道，坐落在风景秀丽的潘安湖国家湿地公园西侧。马庄村是行政村村部所在地，面积约58.4hm²，共有村民418户，1463人。

马庄村曾是一个偏僻普通的湖边小村庄。改革开放以来，马庄把党的政策、群众需求与自身实际紧密结合，充分挖掘具有农耕特质、民族特色、地域特点的文化内涵，激发全体村民参与文化创造的活力，在社会主义新农村建设中，走出了一条以"文化立村、文化强村"为抓手的新路子，形成了极具特色的"马庄文化"。马庄村不仅文化富有，生活也较为富裕，2017年农民人均纯收入1.86万元，高于当地及全省平均水平。在"马庄文化"的引领下，马庄没有出现乡村地区普遍存在的"空心化"现象，村民基本都在"家门口"就业创业，96%的村民不愿意离开本村，是一个凝聚力强、活力十足的村庄。

2017年12月12日下午，习近平总书记在江苏调研期间走进了马庄，参观了村史馆、党员活动中心，饶有兴致地观看了一段十九大精神宣传快板，还自己花钱买了一位老人手工缝制的特色香包。习近平总书记肯定了村两委的工作成效和村庄文化建设的积极成果，他指出：农村精神文明建设很重要，物质变精神、精神变物质是辩证法的观点，实施乡村振兴战略要物质文明和精神文明一起抓，特别要注重提升农民精神风貌。

得益于突出的文化建设成效、良好的生态本底、扎实的党建工作，马庄成功入选江苏省第二批特色田园乡村建设试点。试点建设一年来，马庄沟通了环村水系，建设了污水处理设施、公厕；流转了土地，种植适合徐州地区生长的中草药，建设了香包文化大院、香包文创综合体，带动了300余名村民利用香包创业就业。村里的环境更新了，产业集约增加了，人们的生活更好了。

融合多元文化，坚持文化立村

马庄生态环境优良、文化活动丰富、香包产业潜力巨大、党建工作扎实有力、精神文明建设成效显著，具有较好的创建基础。但按照农业农村现代化和乡村全面振兴的高标准要求，马庄在多元文化融合、产业特色挖掘、生态本底营造、田园意境彰显等方面仍有进一步提升的空间。

《徐州市贾汪区潘安湖街道马庄村马庄特色田园乡村规划》（以下简称《规划》）紧扣马庄文化特色，将农耕文化中的"中草药"和民俗文化中的"香包"相结合，突出"香"主题，提出"药香彭城，乐动华夏"

规划总平面图

的规划定位,并在"药香"文化、"芳香"产业、生态保育和田园意境等方面予以落实。

《规划》提出构建中部村庄聚落、东部生态融景、西部田园产业的空间格局。改造现状神农广场、二十四节气广场并向西延伸形成"药香"文化体验线路,整治南北向的中心路及两侧民居形成"农乐"文化体验线路,修缮水塔、改造渡槽形成承载乡愁记忆的体验线路。通过文化体验线路的塑造和水系梳理、活水补水、水体净化等措施,优化村庄空间结构、功能组织和生态环境,落实与"香"主题相关的文化体验节点和产业项目。

落实文化主题,设计改善空间

《规划》落实"药香"文化主题,结合"香包+"产业,组织和设计相应的空间节点,促进文化与产业的有机结合,同时对空间进行整理和织补,重塑田园意境。

香包文创综合体——展示"香包"文化:《规划》将村部北侧废弃的江淮汽配厂重建为香包文创综合体,在平面布局上,保留原围合式的院落格局,和周边建筑肌理协调;在建筑风格上,延续徐州地区传统的黑白色系,建筑采用木质窗户与灰色屋顶,通过连续的坡屋顶和现代化的外立面设计,将现代与传统融为一体;在功能上,包括了香包展示、香包手工艺培训、电子商务、对外接待等功能,作为香包学习、制作、销售、展示的空间。

建筑屋顶整体上采用波浪样式的设计,将体量较大的空间从视觉上切分成多个小个体,使之既与传统建筑风格相协调,又可以从不同角度

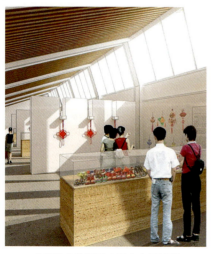

文创综合体设计方案室内效果图

香包文创综合体

渡槽设计图

观赏风格各异的建筑景观；建筑内部采用大空间的处理形式，灵活多变，以白色调与淡黄色木质纹理为主，体现简约与现代的设计风格。同时，大空间与小空间的灵活组合能够满足不同的功能需求。

渡槽——承载乡村发展历史：马庄的渡槽是 20 世纪 80 年代的产物，目前渡槽的输水功能已被废弃，但它是马庄村庄发展的印记，承载着农耕文化历史，非常有必要保留、活化、再现。规划在槽内种植中草药连翘，外部种植薰衣草并增加休闲活动空间，供游客驻足观赏历史上的水利工程并感受马庄的农耕文化。

水塔——植入农耕文化主题：《规划》对水塔地块进行改造，植入农耕文化主题、农民乐团发展历程、村庄发展记忆、工业水文化展示和休闲观光等功能。设计理念一方面来源于水滴滴落前的灵动与起伏，在整个场地设计上增加起伏变化，增强体验感；另一方面利用时间轴线展示村庄 30 年发展历程。功能上，内部注重装饰，增加文化宣传展示功能；外部增设登高观光体验功能。

香包文化大院、水塔建成实景图

文化引领建设，建设彰显品质

《规划》在马庄行之有效的乡村治理基础上，突出文化特色和基层党建，融合多元文化要素，通过文化建设引领产业发展、生态保育和田园意境塑造，将文化特色、产业特色、生态特色在空间上予以落实。

香绣街建成实景图

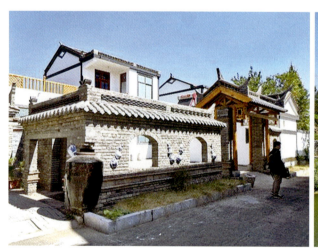

农家乐建成实景图

环村水系建成实景图

特色田园乡村建设的积极效应

以文化为内核凝聚人心

通过特色田园乡村建设，马庄更加注重多元文化的挖掘、整合和利用。《规划》为"马庄文化"赋予了新的内涵，通过整合中草药种植和中药香包制作，形成了马庄村独具特色的"药香"文化品牌，香包文化元素被应用在路灯、指示牌等小品中，还定期在香包文化大院开展香包展销会，宣传非物质文化遗产，使特色"香"文化成为马庄凝聚人心和乡村发展的核动力。

马庄村定期组织升国旗、唱国歌、村广播、周末舞会、纳凉晚会、农民运动会、联欢会和"五好家庭"评选等活动，深入宣传党的方针政策，加强思想道德教育。同时，村委会积极筹建图书馆、文化礼堂、村史馆、支部党员活动室、综合便民服务室等文化设施，使村民学习有场所、表演有舞台、活动有阵地。

走在村里，村民热情高涨。工作日，他们在潘安湖景区、马庄香包文化大院打工；业余时间，他们参加农民乐团、民俗表演团的演出，生活富裕，精神充实，日子有奔头。

以"香包+产业"拉动村民收入增长

结合"药香"文化品牌，提出"香包+"的产业发展思路，调整和优化提升产业发展方向，推动一二三产业融合互动发展。一产方面，改变原有种植玉米、大豆等传统粮食作物的现状，积极引导村民种植适合徐州地区生长的艾草、薰衣草、柳叶马鞭草等中草药，作为香包的原料；二产方面，进一步发挥非物质文化遗产传承人王秀英的影响和带动作用，消化吸收农村妇女劳动力，通过"香包+艺术文创""香包+互联网"等手段，做强做大手工香包产业，提高香包产业链相关工作人员的收入；三产方面，依托党建文化、香包产业和农业生态，策划了"党建教育游""民俗文化游""农业休闲游"等旅游产品，在现有丰富活动的基础上补充了应时应季的四季活动，策划了体验"药香文化""农乐文化""乡愁记忆"为主题的多条旅游线路。

香包用料　　　　　　　　　　　　马庄香包

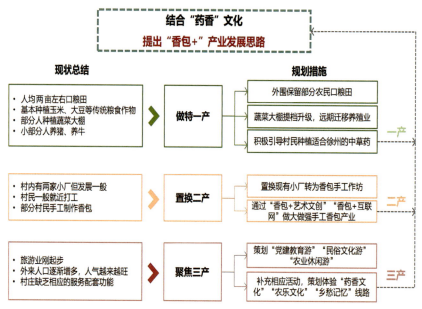

香包产业发展示意图

在推进产业转型方面，占地 0.1km²（150 亩）的马庄采摘园已建设完成；占地约 0.33km²（500 亩）的药香园已经完成土地调整，全面启动建设；部分闲置民居改造为农家乐民宿；马庄文创综合体也已建成使用，下一步将作为区域性文创孵化基地。

一年来，马庄村的产业发展迅速，2018 年村集体收入达 529 万元，农民人均纯收入同比增长 16.1%，接待游客 50 余万人，旅游收入较去年翻了一番。建成了集香包制作、展览、销售功能于一体的香包文化大院，带动了 300 余名村民利用香包创业就业，2018 年香包销售收入超 800 万元，同比增长 60%，香包从业人员人均年收入达 4 万元。

马庄香包手工制作

结语

马庄以文化特色为抓手，以基层党建为基石，融合多元文化要素，通过文化建设引领产业发展、生态保育和田园意境塑造，将文化特色、产业特色、生态特色在空间上予以具体落实，是文化振兴、产业振兴、生态振兴的生动样板，探索了一条文化建设引领下的乡村振兴之路。

文化建设引领乡村发展，是实施乡村振兴战略的有效方式。加强农村精神文明建设，立足本体、借鉴先进、面向未来，把农耕文明和现代文明结合起来，把保护传承和开发利用结合起来，让农业农村现代化成为有根有魂的现代化，让历史悠久的乡土文化在新时代展现出独特魅力和风采，这就是乡村振兴的"马庄实践"！

石头村的魅力重塑：
徐州倪园村

  倪园村地处徐州吕梁山腹地，过去连条进村的路都没有，一下雨自行车都得扛着走，是远近闻名的贫困村。2012年，倪园村被铜山区定为传统古村落，通过修旧如旧的改造，既保留了石墙石院石板路的苏北传统民居特色，又增加了春秋古院、夫子客栈、钟楼戏台等传统文化元素。

  2017年，倪园村被江苏省定为首批特色田园乡村试点，区镇村三级投资2000多万元，进行道路、管网、卫生室等公共设施改造，打造紫薇园、梯田花海等旅游项目，成为AAAA级悬水湖风景区核心区域，一年游客达40万人，被评为全国最美乡村。

《人民日报》2019年2月14日

蓝　峰　中衡设计集团股份有限公司高级工程师，技术总监

吕　彬　中衡设计集团股份有限公司，助理工程师

倪园村，位于江苏徐州市远郊的铜山伊庄镇西部吕梁境内，距离徐州市新城区约25km。其隐身于山峦之中，古黄河之阳。倪园村原称悬水村，因悬水湖得其名，后因水库修建，几经变迁而至现今的位置。倪园东、北侧环山，东南望紫薇，西南倚湖水，西北邻华夏学宫、沭国学遗风，西侧伴民俗画家村，自然风景与人文环境兼备。

近年来，倪园村先后获得首届"江苏省最美乡村"和"江苏省最具魅力休闲乡村"、省级"三星级"康居示范村、住房城乡建设部"美丽宜居村庄示范村"等称号。2017年8月，入选江苏省特色田园乡村建设首批试点村庄名单。

自然环境、历史文脉、村落风貌、社会经济

倪园村属典型的低山丘陵地貌，北、东、南三面环山，西面向水。区域内气候温和，光照充足，降水量较为充沛，四季分明，大部分耕地为山地石头地，不平整，土壤耕作层较浅，耕作土壤为褐土，适合大部分农作物种植。

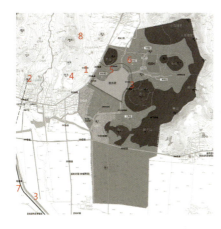

历史文脉

试点建设前的倪园村

保持村内的独特风貌

改造后的水边美景

"悬水三十仞，流沫四十里""逝者如斯夫，不舍昼夜"，孔子驻足吕梁洪，留下千古名句。故事耳熟能详，却鲜有人知其事件发生地，即在这青山环绕的吕梁境内，悬水村邻。沿其线索探寻，引出许多名儒留墨之故事，并寻访至川上书院遗址（明嘉靖十四年，1535年）。川上书院、孔子观洪、庄子扬道、圣贤聚集，国学遗风是倪园难以分割的历史文脉。

倪园村所在的吕梁区域多奇石，天然造化雕琢，似有其灵性。天然石材，就地取之，在地营建：依山而建的村落、村房、院墙以石材筑造，道路也多以碎石铺筑，是自古以来典型的农耕文化传统村落的生成方式，成就了倪园村石墙、石院、石阶、石巷的独特山村风貌，故人称"石头村"。

倪园村在试点建设前依托周边山水资源、文化资源及旅游资源，初步发展了特色种植、传统农产品加工制作、旅游产品等产业，但是规模有限；新型农业经营主体规模经营比为70%；大部分年轻人外出务工；本地村民就业创业主要类型为手工作坊、民宿、采摘等。倪园村在试点建设前，整体是成长型的村庄，但是也存在着经济增长不足、人口外流、产业发展有阻碍等问题。

经过试点建设的规划设计、建造整治后，倪园村的整体风貌有了大幅的改善提升。在保持彰显独特的苏北乡村风貌的基础上，进一步提升乡村的产业基础，为提高村民的生活品质和经济水平提供良好的环境支撑。

规划、设计和建设实施

规划设计总体思路

倪园村居于吕梁山之中，北、东、南三面环山，吕梁其名，参宋代王应麟《通鉴理通释》：云泗水至吕县，积石为梁，故号吕梁。倪园西南石蓬沟富吕梁石，经水蚀风化，成独有石材。故而村落以林木为邻，山石为憩，成就其"山村·林木·石墙"的典型风貌。

改造前倪园村的农房多是20世纪70年代后因水库修建迁村至此地时建造的。在2013年经过村庄环境整治改善提升后，村中的院墙或以白墙灰瓦，或以砖石堆叠，或二者相融，被以草木，得一方天地；院门或以柴门草蓬，或以灰砖青瓦，闻犬吠、待归人。因此，倪园村的特色具有苏北山村的独特性和典型性，如何保护好风貌是设计团队首先考虑的问题。经反复讨论，设计团队确定了"微介入·风貌保护"的全局策略。

细部设计过程和效果

（1）微介入·风貌保护

倪园村的农房沿路依地有序而建。可以分为三大类：一是因修建年代关系主房主立面以瓷砖拼贴，与整体风貌非常不协调。二是特色石材建筑，但这部分特色石材建筑要分两种情况：第一种是建筑风貌条件较好，但面临结构倒塌风险，且阴暗潮湿甚至漏雨，不适宜村民居住；第二种是特色石材建筑质量较好，与村庄风貌协调但面临闲置废弃的屋舍。三是质量较好的白墙建筑，经过改造，适宜居住。

调研中还发现部分村庄的院墙墙皮脱落，村庄农户院门破旧，以及

"微介入·风貌保护"设计方案

试点建设前的农房风貌条件

部分窗户影响风貌。农房大多数面临使用空间不足、功能不完备、居住体验不善等问题。

1）"微介入"之一：修缮性改造与村庄风貌不协调的村房立面。倪园村房屋部分因修建年代关系主房主立面以瓷砖拼贴，与整体风貌非常不协调。根据实地调研，设计团队将25户以瓷砖为主立面的村房按照其位置和临近建筑风貌分为两类：一类因其与乡邻村房的建筑形式相同，依临近风貌瓷砖改造为白墙；另一类则因其位于村落主要道路、村口、特色风貌院落、特色景观、邻里空间临近，依整体风貌瓷砖改造为特色石材。

2）"微介入"之二：保护性加固与村庄风貌协调但面临倒塌风险的村房结构。倪园的部分特色石材建筑面临结构倒塌的风险，且阴暗潮湿甚至漏雨，不再适宜村民居住，设计团队依据其实际情况进行加固修缮。

3）"微介入"之三：提升性调整与村庄风貌协调但面临闲置废弃的村房功能。倪园的部分特色石材建筑已被改造为农家酒馆、农家作坊等，但已闲置，设计团队针对性地加以保护提升，拆除或优化与风貌不协调的基础设施与景观，置换使用功能为农产品加工作坊。

4）"微介入"之四：提升性改造、修补与调整村庄院墙、门、窗、景观构筑物。倪园建筑设施风貌良莠不齐，提出一些门窗、院墙、院门的设计方向，并提供一些乡村景观作为参考，引导村民自主改造，共同保护村庄风貌。

（2）繁衍生息的地方——生活提升

倪园，常住人口中老年人占大多数，其次是小孩子。日常生活几乎是倪园村民的全部，因此，提升村庄生活条件是根本问题。然而，倪园的土地大多被征用或者租用，村民主要从事服务于邻近景区的保洁、零售或管理等工作。基于每一户村房实际情况和村民需求的调研，设计团队归结出村民生活的几项主要问题：生活空间拥挤；缺少晾晒、贮存、饲养或种植的空间；生活功能不完备。

设计团队将这些问题最终回归到村房的图纸，研究思考，得出一些解答。倪园的村房主要有两类：主房一层+配房一层+院子，主房二层+配房一层+院子。其共同点是，院落式，并因功能缺失凌乱加建。设计团队在调研过程中为每户村房编号，村房完好并有人居住的共111户，设计归纳之后提供建筑空间的两种原型及其提升设计方案。重新设计主房，增加居住空间以适应村民居住，重新设计院落，增加晾晒、农用车贮藏、种植或饲养空间，并完整保持院落中央的庭院，适当增加与村庄风貌协调的庭院景观。

砖石建筑保护改造

乡村风貌改造方案和实景

农房改造提升策略效果示意

村房建筑提升并非是一蹴而就的事情，也并非是所有村民都愿意配合改造自己的村房。设计团队试图给予一些合理的设计提升方向，引导村民自主地改变居住条件，而非强行设计营造，违背村落自生繁衍的初衷。

（3）集体记忆的唤醒——空间梳理

"昼出耕田夜绩麻，村庄儿女各当家。童孙未解供耕织，也傍桑阴学种瓜。"集体生活是传统村落的生息方式。虽并非所有的村落都是以宗族的形式存在，但或多或少都是以集体的方式繁衍生息。集体空间的重要性如同祠堂之于宗族的意义。集体之下便是邻里。村庄与城市不同，其邻里关系更密切，生活劳作，关照内心，邻里是生活的组成。柴米油盐，春去秋来，老人闲坐树下，孩童嬉戏奔跑，是村落的集体记忆。倪园也不例外。

从现状看，倪园的公共空间整体脉络不清晰，公共空间或闲置或废弃，空间形象城市化严重。邻里空间与集体空间或占用或缺失。

首先，设置邻里空间。邻里空间在村落内部呈散点式分布，服务于不同区域的邻里，并以可以闭合的步行路线串联，提高其可达性。其次，在村口空地设计建造议事堂，设置集体空间。议事堂与集体空间用于村民集体活动，共同服务于村民生活及村庄生息。

议事堂作为整个村庄唯一新建的建筑，紧扣"微介入"的设计策略。设计团队试图最小限度地新建，并在新建中充分展示村庄风貌。议事堂是微小的简洁的矩形体量，约容纳百人的室内集体活动，并兼有空间作为村史馆使用。议事堂建筑材料与倪园原有的石墙石院所用石材相同，就地取材，在地设计与建造。在选型上设计团队尽力保持这种纯粹的原初性，同时在风貌上努力做到与村落协调，尽可能地使议事堂既能够充分展示村落风貌，又能够成为村落标志。

议事堂外设置邻里市集。倪园因其村落的农产品、手工艺等交易需求仍小范围保留着市集的经济方式，市集交易一般发生在田园风光最好的时候，往来者众多，城市的、乡邻的，熙熙攘攘，热闹非常。我们惊喜于这种传统空间所营造的情感，原生的存在于陌生人之间的亲密与热烈。于是，设计团队试图通过市集重新还原这种特殊的空间，市集发生在村口，提供村民的种种交易，服务于邻里，服务于往来不期而遇的客人。

议事堂效果示意　　　　　倪园市集效果示意

（4）落英缤纷的桃源——环境改善

"茅檐长扫净无苔，花木成畦手自栽。"倪园以山、水、花卉、林木、果园环绕，自有"江苏最美山村"之称。环倪园而行，发现倪园村口与街巷部分空间景观疏落，或是杂草丛生，或是荒芜寂寥。村落西侧的水溪干涸荒凉、驳岸生硬。与村民沟通以后，设计团队希望重新设计这些荒落的景观，针对不同空间区域位置，提出环境整治的方向，延续历史、凝聚人文、浓缩田野、呼应山林、趣画邻里、生态水岸。

"延续历史"主要面向倪园中心区域已有的国学文化广场。将现在广场改造成为"讲学场"，保留了孔子讲学的雕塑意向，减少硬质铺垫，形成方圆对应的空间布局，提供村民休憩活动的场所，增加乡村景观。

"凝聚人文"主要面向村落西北的荒落空间，将其设计成为"相思苑"，植入浓厚乡村特色的人文元素，如茅草屋、木栅栏、石磨台等，并设置体验式活动场景，如"推铁环""抽陀螺"，等等。

"田间记忆"主要面向村庄内部、道路两侧的零乱空间，设计以竹篱笆替代原有生硬的围挡，以碎石替代部分大面积硬质铺地，以田间活动的画报或老照片来粉饰苍白的墙面，希望能够在唤起村民乡间回忆、体现乡村特色的同时真实地为村民提供可以种植的菜园。

"绿野映像"主要面向村落东北的闲置空间，设计团队将其设计为"乡影园"，延续山的形象，与山相融，突出山村形象。充分利用场地高差设置层叠式的园路与观影座椅，作为乡村露天电影的空间。

"趣画邻里"主要面向村庄内已闲置的公共空间，还其邻里之本意，作为邻里的活动场所，铺以嵌草碎拼石板，置石桌凳，植以绿树遮阴，力求淳朴自然。

"生态水岸"主要考虑苏北地区少雨，水溪难以自然蓄水，建议将人工硬化的水溪及其驳岸改造成生态自然的旱溪，并合理搭配山石。

（5）春华秋实的经营——产业调整

产业特色不聚焦、资源不平衡、主体缺失、产业基础配套不完善、发展不可持续等是倪园面临的主要产业矛盾。基于中国农业规划院的产业问题研判与整体策划，设计团队主要针对倪园产业配合做出村房的空

间与使用功能的设计调整。根据策划,倪园主导产业定位农产品加工,同时配合以田园康养为支撑。

村落原有几处村民利用自己村房经营的农家乐、香油作坊、手工艺作坊等,仍在使用,建议修缮维护,鼓励村民继续经营。几处已经过产权调整、作为农家乐的院落,部分已闲置许久,配合村庄整体产业规划,设计团队将已被租用的闲置院落改造成为农产品加工坊,引导村民自主经营管理,对外提供农产品加工体验、展示和销售,增加农民收入的同时推动农产品加工产业与村落融合。村落现有部分村房依村民意愿作为农家客栈等自主经营。根据需要提供了一组农家客栈的设计方案作为改造的方向,引导村民根据自身经济条件酌情改造调整。客栈改造设计主要为配合田园康养产业发展,并能够切实为村民增加收入,客栈样板希望能够给村民建筑风貌保护以意识引导和品质引导,避免因盲目改造而破坏风貌。

实施过程及动态优化调整

在改造实施过程初期,镇村两级、设计、村民在村庄面貌上均形成统一意识,即要把倪园村打造成典型苏北乡村民居风貌的特色田园风光。在此基础意识上,大多数村民在配合设计微介入的基础上自觉维护乡土风格,从而保持住整体的村庄风貌。同时,在实施过程中充分与村里、村民积极互动,听取村民意见,对原方案进行局部优化,使设计更契合村民意愿,符合村庄发展要求。

(1)就地取材

倪园村原为小山村,石料丰富,遗留下许多石磨、石碾、石槽、石臼等,在村庄游园、广场、道路等处,合理摆放了上述物品,作为景观或桌凳,供欣赏和休息;同时老牛车、独轮车、粮仓、老灶台随处可见,老水

农产品加工坊改造

乡土风貌

井保留完好；村内石板路、石院墙，均为本地石材；路牙石、水驳岸使用本地炮弹石，栅栏为本地的竹木材。这既节省了成本，又延续了集体记忆，凸显典型苏北村庄特色。

对其当地的特色石材建筑，设计团队找到当地特有的石山文化中的浅黄色纹石，并和当地的工匠师傅以当地的风格方式进行修复和修缮。

村内绿化利用特色种植的优势，树种充分选用本地易生易长的银杏、紫薇、乌桕、柿子树、石榴树、枇杷树、桃树等乡土树种，村道路两侧种植了桂花、串串红、女贞、红榉等花草树木。

（2）因地制宜

在改造建设的过程中，发现当地树种过花期后无花可看。为填补此空白，吸引更多游客前来吕梁倪园游玩赏花，带动当地经济发展，结合网红经济发展的特点，在村庄东北角的荒山进行了土地复垦，重新规划了梯田花海，聘用本村石匠参与梯田花海挡土墙建设，为整个倪园的景观增色不少。

在实施过程中，有村民希望过河能增加便道，以节省日常农作的徒步时间。于是及时调整原设计，结合日常安全防护，增加了原木形态的木栈道，在不打破乡村风貌的前提下满足村民的日常需求。

（3）村民参与

在进行施工前，村民献策献力，积极参与到实际改造过程中。有石匠手艺的张老伯自己动手参与了自家门前的石砌花坛和挡墙的摆布。

（4）农房改造

在方案交流时，村民对农房的微介入式改造均表示支持。但是在具体实施时，因为资金投入、产权界限等原因，村里决定对农房部分的改造侧重在村庄风貌的营造上，同时将原设计方案提供给有意愿改造自家农房的村民，在控制整体风貌的基础上由村民自行选择改造自家农房的时间和方式。对于部分闲置的特色石材建筑，可将其改造成为农产品加工坊，这些工坊兼具生产性、生活性和文化展示。

（5）产业发展升级

倪园村耕地基本被征用和流转完毕，劳动力均从土地上释放出来，依托风景区建设、特色种植业，从事保洁、景区管理、特色农产品销售、园区务工等。

在改造升级过程中，镇村两级顺势将村里的产业做了相应提升。依托倪园村周边山水资源、文化资源及旅游资源，壮大特色种植园——紫薇园的特色规模；利用紫薇园基地，打造山谷漂流生态集聚区，同时对村民进行树木栽植、管理等方面的培训，方便其到园区就业；依靠传统文化的优势，发展传统服装的制作、古琴制作、香油制作以及特色文化旅游产品（奇石、泥塑、面塑、剪纸等）经营等产业，结合旅游资源及传统手艺推出"尹家香油""倪家香油"；引进外地文化营销团

改造后的乡村风貌

队,打造精品民宿"素宅",进一步提升村庄游的整体品质;依托雨生百谷文化传播有限公司,对本村妇女进行传统手工业培训,制作手链、盘扣、传统服装等。

实践的成效及延伸思考

特色田园乡村建设试点启动后,当地镇村两级依托设计规划方案,按照省特色田园乡村建设标准,结合倪园村整体设计特色和自身优势特点,精心编排、积极实施发展各种特色项目,使村庄发生了各种显著的变化。

重新整合了周边山水资源、文化资源及旅游资源,重点打造特色种植业,形成了例如紫薇园这种在当地有一定影响力的特色园区;发展传统服装制作、古琴制作、香油制作、旅游产品经营等产业;新型农业经营主体规模经营比为100%。

村级集体经济依托旅游开发,收入增长至约65万元/年,增长了260%;农民人均收入也相应增长至约21 458元/年,增长了13.41%。

村庄旅游人次增长至约300 000人/年,增长了6倍;房屋租金增长至约6万元/年,增长了3倍;全村旅游收入增长至约380万元/年,增长了38倍。

试点建设工作完成后,村庄整体面貌得到了明显提升,吸引了本村村民、各类人才返乡、下乡创业,主要类型涉及餐饮、采摘、农家乐、手工作坊等。截至2019年9月,倪园村返乡创业的人数增加到25人,返乡就业的人数增加到70人,人均收入增加到6万元/年,典型代表人员的收入也从返乡前3万元/年增长至10万元/年。返乡创业大学生、科技能人、合作组织带头人等各类下乡创业人才增加至20人。同时,根据乡村经济发展需要,组织了不少于5次/年的新型职业农民培训,内容包括传统手工业培训、新型农民科技培训、移木管理等培训,用于提高村民自身的专业水平。

特色田园乡村建设改造是一项复杂的系统工程,如何在特色田园乡村建设中挖掘和利用其特有的优势资源、塑造乡村特色、避免出现"千村一面"、提高村民的收入等,都是特色田园乡村设计与建设改造中应该着重考虑的问题。这其中离不开镇村、设计单位、村民以及其他各方相关人士的共同努力。

1)发挥村两委作用。根据倪园村的管理经验,充分利用党建工作的传统优势,建立村级文明实践站,村支部书记担任实践站站长,设立了相对固定的专职管理员;整合各种文化场所形成文明实践阵地,盘活用好各级各类资源，通过"讲、评、帮、乐、庆"活动，不断探索形成长效机制，更好地满足人民群众日益增长的精神文化需求。

2）尊重乡村实际。乡村与城市不同，乡村独有的风貌、原生的记忆、质朴的生活是乡村的难能可贵之处，如何还乡村于乡村是面对乡村问题时需要思考的重点问题。在乡村设计之中，应兼顾乡村独有气质的同时着重考虑村民的情感与需要、村民希望生活的环境，而不以简单的理想化地打着保护乡村的名号而最终失去了本应在这里繁衍的人们。

倪园村是苏北成长型特色田园乡村建设的典型案例。设计团队在倪园的村庄提升策略中主要考虑以"微介入"的方式处理整体风貌的协调与村民生活的改善，同时提供设计陪伴服务，为乡村的环境建设及复兴提供专业艺术和技术服务。通过对倪园村的规划设计、农房的保护修缮、文化的保护和传承、自然肌理的保护和重视，对传统村庄的公共空间脉络重新塑造等方面的实践与分析，希望能为类似村庄的建设改造提供一点有益的借鉴。

3）尊重村民意愿。村民是乡村复兴的最直接的建设者和受益者，通过物质文明和精神文明两方面的建设，使他们真正能在这片生养自己的土地上踏踏实实地辛勤劳动，并得到属于自己的幸福生活，才能共同缔造出属于这个乡村自己的历史和文化，实现属于自己的乡村复兴。

山枕水绕，回汉交融的风情乡村：
常州陡门塘

围绕"路要通起来、水要活起来、景观要透起来、文化要靓起来、旅游要串起来"五大要素，陡门塘重点打造回村乡韵民宿区、农业实践科普区、农业采摘观光区、农家田园乐活区等8个功能区，并在陡门塘核心区1.6km² 建设了大涧河滨水休闲区、村南游客中心、乡村美学馆、农业科普馆、特色民宿等，积极打造"太湖灵秀地 风情陡门塘"。

《江苏新闻广播》2018年10月28日

陶	橘	南京长江都市建筑设计股份有限公司，	汪海滨	南京长江都市建筑设计股份有限公司，
		城市规划院院长，高级城乡规划师		城市规划院院长助理，城乡规划师

陡门塘自然村隶属常州市雪堰镇城西回民村,地处太湖湾城湾山区,交通便捷,周边旅游资源丰富。陡门塘村有700余年历史,因避元代战乱南迁而建立,目前村庄人口约735人,其中回民数量356人。陡门塘在特色田园乡村建设试点前,经济与产业基础条件较好,但村庄环境欠佳,建筑陈旧破败、色彩混杂,村内沟塘淤塞,水质较差,公共空间缺乏活力,村民的物质文化生活匮乏,村庄内部及周边沟通不便,成为太湖湾大旅游圈中的孤岛。

通过试点建设,今天的陡门塘村俨然一幅"落英缤纷,茶香四溢,阡陌纵横,星罗棋布,山枕水绕,屋舍俨然,围寺而居,回汉交融"的世外桃源景象,形成了"春赏花、夏摘果、秋品鲜、冬滑雪"的乡村四季乐游图卷,2019年接待游客达25万多人次,带动村民人均增收4000元,村民人均可支配收入超过3.5万余元,并先后荣获了"全国民族团结进步模范集体""全国生态文化村""中国美丽宜居村庄""2019年中国美丽休闲乡村"等荣誉。

陡门塘的巨变源自2017年8月该村成功入围江苏省第一批特色田园乡村建设试点。特色田园乡村作为江苏实施乡村振兴战略的有效抓手,是一种创新的乡村发展模式,其本质在于以村民为本、以"特色"为导向,重点在于将村庄和周边田园环境作为整体开展设计建设,从乡村建设、发展、经营等方面进行联动思考和总体谋划;同时,强调历史文化和乡愁记忆的挖掘、传承和表达,整体带动村庄产业发展,延续田园式的生产生活方式。

村庄试点建设前后对比

治村修路联水复山,实现乡村环境巨变

设计不局限于对村庄本身环境的孤立思考,而着眼于统筹村落与周边山水林田湖村的同步治理,营造村融于景、景显于村的诗意画卷,推动走出陡门塘绿色发展、生态宜居的乡建之路。

因地制宜,提升复兴老庄台

在规划设计和建设中强调原有村庄的保护振兴,在延续传统肌理、保持富有民族特色、传统意境的田园乡村景观格局的同时,满足村民日益增长的现代化需求。实现在村民富裕的基础上"望得见山,看得见水,记得住乡愁"的美好愿景。

首先表现在建设中,活用在地材料,巧妙搭配老物件。具体以清真寺、百年老宅、临溪驿馆等富含民族、历史人文特色的场所为抓手,创新体现历史记忆、乡风民俗、文化符号等要素,全面提升现有场所品质,最大限度保留历史文脉和原乡记忆。利用闲置、零散的建设用地新建溪畔驿站、杨梅廊亭等配套设施,使用旧的木构架、废弃磨盘、酒缸、瓦罐等旧农具进行景观搭建,形成有意义、有活力、有温度的公共空间。

景观绿化建设

溪畔驿站设计方案

在乡村道路建设过程中采用本地石材、鹅卵石等进行铺设，兼具实用性和生态环保要求，同时利用废旧轮胎、竹篱笆等材料对道路和建筑周边进行精细化处理，塑造乡土特色的别样景观。

在景观绿化中选种本地适生的杨梅树、红叶石楠、榉树、香樟、黄杨、广玉兰、石榴树等树种，结合田间种植的桃花、梨花、蔬菜等经济作物，营造别具一格的乡野特色。

打通"经脉"，完善"毛细循环"

内部串联：完善连接乡村内部的断头路，提高内部的通达性和舒适性，使村民的出行安全、适用通达。共建设二级道路3753m，三级道路6720m，其中含自行车道2180m，以满足骑行爱好者需求。根据乡村旅游布局及实际使用需要，适当配建生态停车场2座。

周边衔接：依托黄龙山，顺应茶田、果林肌理，运用乡土碎石构筑登山小道，并于山腰、山顶分设半丘亭与山顶小驿，促使山体资源活化，让山可登、景可赏、游可憩，使村庄周围形成有机整体。

对外联系：村庄对外新建百花迎宾路，加强与太湖湾旅游度假区的交通衔接。陡门塘发展体验乡风野趣与田园食宿体验，与周边度假养生、主题娱乐、滨湖休闲等区域功能实现互补，成为环太湖大旅游圈层

村庄道路建设

游步道建设

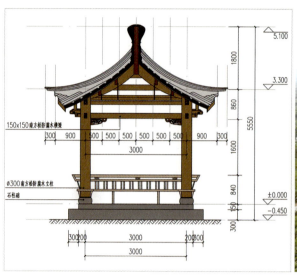

半丘亭与山顶小驿

不可或缺的一个环节。

修复矿坑，变荒山为金山

村庄南部现存一处因采矿、采石遗留下来的矿坑宕口长期闲置弃用。设计团队针对山体破坏、岩壁裸露、植被稀疏等现象，设计突破单一的稳定型、景观型修复模式，注重创新发展功能植入，使宕口成为积极空间和特色旅游场所。通过引进民间资本，设计了游山览水品菜修禅的乡村游览体验线路，为乡村旅游注入了新的活力。

矿坑宕口改造前后对比

串沟连塘，活化亮化水环境

治理村庄生活污水，探索农村污水处理新模式。围绕"水要活起来"这一目标，将全村范围内31条河塘全部进行清理、疏浚、沟通，清理淤泥60030m³，整理驳岸2200余米，使水环境得到有效整治，彰显出自然纯朴的田园风光。

在水环境整治过程中，规划还根据实际情况，将治水与造景有机结

滚水坝改造后

合,建设中保留了河道中的大柳树和形成的孤岛,并在上水位处设计了一座宛若天成的自然式滚水坝,满足了调节水位、拦蓄泥沙等功能需求。建成后,经由石磨盘、碎石板等乡土材料制成的滚水坝与大柳树浑然一体、乡味更浓,如今已成为远近闻名的靓丽网红打卡点。

挖掘传承文化特色,实现汉回民族共融

陡门塘作为苏南地区唯一的回族聚居区,蕴藏着丰厚的民族文化及风情特色,设计师以民族文化为切入点,挖掘传承文化特色。

以传统特色建筑为载体,彰显乡村历史文化

百年汉族老宅的保护更新:村庄内存有一处近百年老宅,因年久无人居住而荒废,处于屋塌墙倒、梁折柱斜的状态,整体风貌破败不堪。项目组制定了抢救式修复保护方案,通过搜集大量原始资料,与村民多次讨论后,聘请当地工匠精心施工,保存利用原有大木作构架与部分木饰石雕,力争原真性,展现原建筑的风貌与意境。并积极对接武进区文广新局,以老宅为核心开设乡村美学馆,兼顾村民图书馆、村民议事中心、党建宣传基地等功能。修复后的老宅已成为一处深受儿童及老人喜爱的展示文化传统和开展创意活动的公共空间。

老宅改造剖面图

回族清真寺节点的改扩建：完善清真寺的配套设施和礼仪性的空间场所序列，并在周边铺设亭廊以供村民游览休憩。同时，架设步行桥连接规划扩建的篝火广场，形成村中最重要的大型公共活动空间，同时是村庄多条主题游线的交汇节点和回族文化展示与非遗马灯表演的场所。

汉回混合式游客中心的建设：村庄南入口最早的方案是以体现回族元素为主的一组构筑物，仅作为标识的存在。在村民意见交流会上，有

改造后的清真寺

村口标识及游客中心设计方案和实景

村民提出,村庄南入口近0.0013km²(2亩)的空地如果只做一个构筑物太浪费了,也有村民说想在村口找个地方摆摊卖果品。经多次交流讨论,项目组最终确定在此处新建一座游客服务中心,兼具入口标志、游客咨询、文化宣传、农产品销售等多重功能。最终建成的游客中心总建筑面积350m²,建筑融合汉回的建筑风格特征,巧妙设置了半开放的灰空间,通过花饰加强了空间的光影变化,充分体现了民族共兴的美好喻义。建筑前的公共场地亦采用乡土手法,融入乡愁记忆,避免了尺度过大和硬化过度,达到功能、文化与景观兼备的效果。

挖掘非遗文化,再现乡俗盛景

项目建设过程中始终强调文化环境建设,尤其重视挖掘和保护当地特有的非遗文化和传统民俗——回民马灯。回民马灯形成于元朝大德年间,是一种以马灯为主,武术、滑稽为辅的民族舞蹈形式,表演场面宏大,极具观赏性,深受当地与周边村民的喜爱。设计师与村集体共同协作,运用文字、图片、音像、互联网等多种先进方法和技术对回民马灯文化进行全面系统的记录、整理,对相关代表性实物予以妥善保存。在空间载体的落实方面,以紧邻清真寺的篝火广场为核心,规划了回民马灯的表演场所与巡演路径,并积极组织回民马灯赛事、马灯文化展览、表演技术交流会等活动,激发村民的学习参与热情,为回民马灯文化保护营造良好的社会氛围。

多管齐下,文旅助力,实现乡村产业共荣

设计师根据陡门塘独特的区位优势、山水相依的自然资源、千亩林果的农业特色和汉回相融的文化底蕴,充分挖掘乡村多元功能和价值,提出"以特色文化兴产业,以特色节肆促产业,以互联网电商平台拓市

场，以品牌增效益"的方针，采用一产三产联动发展的模式，助力乡村产业振兴。

品牌效应提升产业附加值

以品质创品牌，从"土特产"到"品牌货"，提升附加值，增强市场竞争力。积极推广提升"城西"牌梨、桃，"阳湖新月"牌茶叶的知名度，在此基础上，丰富茶叶、果蔬加工方式，提高农产品附加值。村委会牵头，采用"合作社＋农户"的合作模式，形成规模效应，抱团发展。以"互联网＋农产品"丰富特色茶果销售渠道，打开外部市场，进一步打响"城西"与"阳湖新月"品牌。

文化特色助力乡旅发展

围绕"清真文化、回民风俗"进行旅游活动策划，以"回乡、回游、回宿、回味、回道、回疗、回韵、回产"为主题项目，大力发展民族特色乡村游。努力放大区域辐射效应，不断提升知名度，吸引更多游客。并与嬉戏谷、孝道园等大景区形成互补、协同发展。2017 至 2019 年底，陡门塘已建成 14 家各具特色的休闲观光型农家乐，开发了多条"农旅休闲"旅游线路。

主题		特色	项目
• 乡村风貌	回乡	"田园水乡、流连忘返"	梨、桃、葡萄采摘
• 水田相接	回游	"水绿相依、潺潺不绝"	水景项目、荷塘观光、荷塘诗社、荷塘婚庆
• 生活作息	回宿	"一日五拜、时间养身"	回民民宿、清真建筑观光
• 饮食习惯	回味	"佳美洁净、节制适度"	清真美食区、农家乐
• 心理养生	回道	"放下包袱，轻装前行"	茶园观光、茶叶采摘、八宝茶品鉴
• 回式医养	回疗	"东西合璧、药食同疗"	回式医养文化科普、体验
• 斋戒民俗	回韵	"清心寡欲、欢乐交往"	斋戒民俗体验
• 特色物产	回产	"回产农品"	特色（梨、桃、葡萄）有机农产品销售

八"回"主题项目

与此同时，结合四季各异的乡土特色，创办丰富的节肆活动，在陡门塘开展踏青、赏花、品茗、采摘等特色主题活动，打好特色农旅牌。2019 年 3 月底，陡门塘村联合雪堰镇政府成功举办了第五届雪堰桃花节；7 月底联合常州市伊斯兰教协会举办了清真美食节暨采摘节。丰富多彩的活动内容进一步突出了乡村旅游优势，提升品牌形象，带动农副产品销售，促进村民增收。

人才回流助力乡村添活力

随着陡门塘村特色田园乡村建设工作的不断推进，吸引了近 20 位

特色乡村旅游

高校毕业生和外出务工人员回乡创业，从事农产品电商、果品批发、休闲旅游等行业。大学生村官创业项目"雪堰至诚农业休闲观光服务部"，以挖山笋、小溪摸鱼、土灶做饭等定制化旅游线路为亮点，为乡村产业发展提供了新思路和新鲜血液。

结语

陡门塘的特色田园乡村试点建设工作坚持人与自然和谐共生，统筹山水林田湖村系统治理，激扬中华优秀传统乡村文化，并力图以绿色宜居引领乡村新发展，探索治理模式创新下的乡村振兴之路。

全域推动 绘就都市田园新图景：
南京江宁区

南京市江宁区采取区域联动发展的方式，串珠成片，通过集中打造特色田园乡村示范区，建设区域乡村旅游联系通道、策划区域乡村旅游系列产品，推动利用本土自然资源，转型提升农业产业，基于特色种植业发展观光采摘、休闲养生、餐饮民宿等功能，进而衍生出休闲度假产业、体育健康产业、医疗养生产业等，吸引了大量外出农民返乡就业，农民人均纯收入和村集体收入水平大幅提高。

《中国建设报》2017年4月18日

张 川　南京大学城市规划设计研究院有限公司所长，
　　　　高级规划师

江宁区位于南京市东南部，全区总面积1561km²，下辖10个街道1605个自然村，2017年末，户籍人口达107.9万人。作为此次苏南地区"县域"特色田园乡村的代表，江宁区处于后工业化、后城镇化发展阶段，又经受消费休闲时代的影响，城乡关系与苏中、苏北地区有很大的不同。大量资本、要素加速向乡村地区扩散，乡村地区孕育着新业态、新活力，扮演着新功能、新角色，但同时面临着城市快速发展带来的巨大冲击。借助特色田园乡村规划建设的契机，江宁区期望探索出能够充分彰显都市近郊型乡村的特色内涵、特色路径、特色风貌。

全域都市田园乡村的特色定位

江宁乡村建设紧扣都市近郊区位特征，旨在探索田园城市理想下的"都市（特色）田园乡村"发展模式，通过"4试点引领—20组团联动—3大片区覆盖"，将全区特色田园乡村建设分为特色田园乡村片区、特色田园乡村组团、特色田园乡村点三个层级，对应三个层次的"特色田园乡村"诠释与表达：全域乡村地域特色分区、村庄产业空间相对完整的有机组团、示范引领的村庄点。大处着眼，小处着手，借助乡村绿道建设，串接乡村、田园、湖泊、生态休闲园区等，统筹推进基础设施和公共服务设施共享互动，集约建设，放大效益，实现以点带面，联面成区，全区带动，彰显江宁"全县试点"的特色和意义。

"示范片区—有机组团—特色示范村"三级特色体系建构

"特色片区"引导全域乡村差异化、特色化的振兴模式

全面梳理江宁地形地貌、产业发展、山水肌理、文化遗存等资源禀赋，立足于"都市（特色）田园乡村"的发展定位，划定三个特色田园乡村片区，精准研判片区特色，即东部山林悠然田园，重点打造以度假体验为特色的人文田园乡村；中部江南水乡田园，重点打造以现代农业为特色的水乡田园乡村；西部阡陌休闲田园，重点打造以休旅经济为特色的丘陵田园乡村，在总体上维护湖田林草村的大生态格局。

片区的重点建设任务是沟通衔接好片区内各组团，通过路网水网、驿站节点、门户景观等框架建设和功能布局的管控引导，形成整体风貌。在治理机制上鼓励多方联动、共建共享、集约基础设施、环境整治等建设投入。

江宁区特色田园乡村片区分布图

"田园组团"引导乡村成组成团实现联动发展

以示范村为核心,对地理环境、产业业态、设施建设相对集中和关联性强的村庄和田园进行归并,组合形成20个特色田园乡村组团。每个组团由5～10个的规划保留村及周边田园组成。组团重点建设任务是沟通衔接好组团内各点,形成功能完善的核心模块,并通过构建组团间交通、产业、设施等多要素联系,实现特色联动发展。

"特色田园乡村点"引导试点村庄特色建设实施

结合试点示范村规划建设的经验总结,对全区316个规划保留村进行完善提升和培育打造。完善提升类主要针对已经完成或正在实施"千百工程"示范村和重点整治村建设的220个规划保留村,这些村硬件建设已基本完成,当前的重点任务是优化和提升特色产业发展水平、创新传承现代文明和乡土文化、推动乡村治理转型和加强公共服务供给等;培育打造类主要针对尚未开展"千百工程"示范村和重点整治村建设的96个规划保留村,这些村基础条件相对薄弱,要按省级要求进行产业、环境、文化、田园、生态全方位打造和培育。

首批试点选择徐家院、王家村、观音殿、钱家渡4个乡村,开展更为精准的差异化营建与发展探索。这4个村代表了江宁现阶段乡村建设发展的几种典型类型。通过对各村自然禀赋、产业基础、文化传统上的深层次挖掘和拓展,塑造个性鲜明、发展路径清晰、充满活力的品质乡村。

江宁特色田园乡村特色发展引导表

村庄	田园乡村类型	特色产业	特色生态	特色文化	示范导向
谷里徐家院	特色农业型	高效绿色蔬菜	一岗四圩	农耕文化	农业转型
东山王家	古村复兴型	应时鲜果	山水林田居	古村传统	传统复兴
秣陵观音殿	农旅文创型	名优茶叶	丘岗园地	非遗文化	创意驱动
湖熟钱家渡	水乡田园型	优质大米	水乡田园	湖熟水乡	资源活化

示范引领,百花齐放的特色田园村庄营造

"菜园—果园—庭院"三园共生的徐家院

(1)村庄概况

徐家院位于谷里街道张溪社区北部,是谷里现代农业园的组成部分,有较好的田园蔬菜种植基础和厚重的"耕读传家"文化气息,村庄

总面积约 0.46km²（694 亩），空间格局呈现"四圩一岗"的特征。据记载，清朝徐姓人家在此筑院耕作，善于种植蔬菜，重视家庭读书文化传承，以此发业繁衍而名为"徐家院"。

2017 年，村庄共有 43 户，139 人。据调查，村民收入主要来源为种植蔬菜和外出务工，年轻人以在南京市务工为主。当地村民的改善需求集中在居住条件、邻里交流和田地整理等方面，而公共活动空间是最主要的需求。村民们更加倾向采用维护、监督等方式参与村庄建设、管理。

（2）总体思路

结合谷里现代农业发展优势和村庄产业基础，以绿色蔬菜种植为特色，依托岗林坡地、农家庭院，形成"菜园＋果园＋庭园"三园共建模式，同时把"耕读传家"和乡村书院文化融入乡村的空间建设和乡风文明中，打造江宁区具有农耕书院特色的特色农业型田园乡村。

（3）村庄规划设计

在优化乡村生产生活生态功能的基础上，轻度介入，通过富有想象

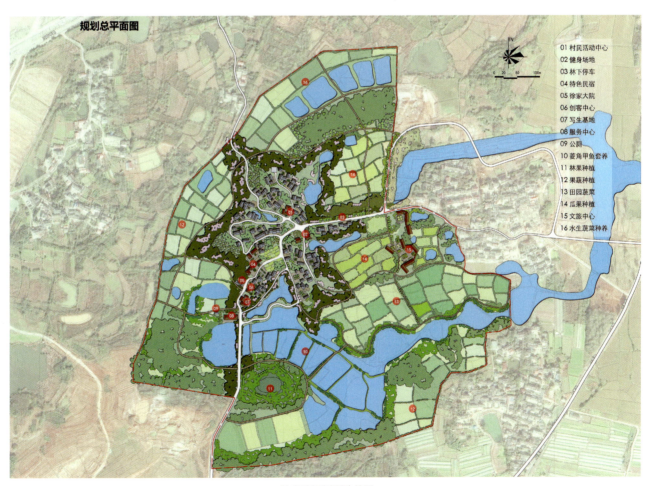

徐家院规划设计总图

力的设计激活乡村空间价值，让平淡的乡村变得有趣。

村庄院落：院落是承载乡村家庭生活与记忆的重要载体，结合户主职业特点和发展意愿，进行院落功能、格局、景观等多样化改造，如"渔樵耕读"人文主题庭院、拓展个体电商的微商庭院、公共服务的共享庭院等，就地取材，依户设景，凸显农业职业特点和生活旨趣相融合的乡居情怀，建构连接现实生活和传统乡土的空间载体。结合"枫叶"

四个示范院落改造示意图

状的村庄格局，按照"渔樵耕读"布局四个特色主题院落组团，并选取渔乐院、樵夫院、农耕院、敏学院四个示范院作为先导建设。

公共建筑：通过对场地调研及梳理村庄肌理，提取村落特色元素构件、土地肌理及村庄色彩，保留改造原有闲置老宅，并置入公共服务、休闲娱乐等创新功能，结合村庄发展需求新建创客中心、文旅中心、农耕馆、村史馆等，共同构成村庄公共服务建筑序列。

特色老宅建筑整体改造策略

新建创客中心设计图

新建创客中心建成实景图

趣味田园：针对杂芜的农地，采取地景式土地整理思路，结合生产要求进行农耕空间环境设计，将普通农田变成壮观有序的田园风景；对传统农业设施体验化设计改造，水生蔬菜浮岛式种植设计，结合农业看管房建设，设计发现田园意境新视角的孔亭，营造田园美学情趣。

通过农耕活动空间的系列微改造和创意设计，诱导人们参与、观察、感悟农趣，巧妙植入农业科普、文化、艺术、历史趣味知识，如互动灌溉装置、农学堂、田间剧场、农品跳蚤市集、卡通农夫、小农夫乐园、瓜果故事廊等。

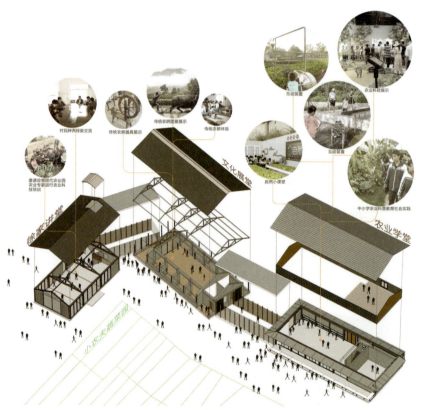

汇聚趣味农业知识的趣味体验空间

趣味田园设计示意图

趣味田园建成实景图

公共空间：从美丽村口、美丽邻里、美丽文化、美丽服务等方面整理场地，梳理闲置空间，融入活泼的创意设计元素，为村民日常休闲、交往提供场所，并提升村庄整体风貌形象。

（4）实践成效

徐家院通过特色田园乡村试点建设，为乡村的内生发展提供了强劲动能。村庄建成以来，培育"野八鲜"等农产品78种，建成桑果园0.2km²（300亩），成功举办野菜节、丰收节、三下乡、学雷锋等活动，持续扩大乡村影响力。

此外，通过培育村庄特色产业与新型农业经营主体，吸引一批外出务工人员返乡创业，开发盘活闲置民房8处共计1200m²，利用集体建设用地2500m²，预计实现增收50万元；通过组建种植专业合作社和土地股份合作社，吸纳农户148户，入股农田共计0.358km²（537亩），规模经营比重达77%，实现户均增收1200元。

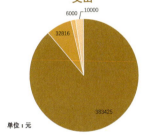

徐家院合作社2018年度收益情况图表

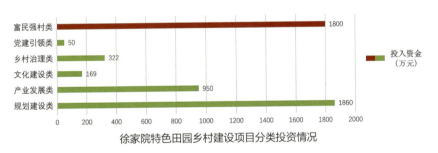

徐家院特色田园乡村建设项目分类投资情况

徐家院村庄风貌

非遗文化赋能乡村手工市集村观音殿

（1）村庄概况

观音殿村位于秣陵街道西南部，是江宁西部乡村绿道与银杏湖旅游道路交汇节点上的一处自然村落，与知名的生态旅游区银杏湖乐园门户相望。村庄总面积约 0.42km² (635 亩)，共有 63 户，151 人，属于典型的江南丘陵田园乡村，两岗一冲，整体地形两边高，中间低。村中原有观音殿庙，庙附近是乡村集市，聚集了周边能工巧匠、民间艺人、手工商贩，曾经一度辉煌繁华，后来庙宇被毁，流传的一些传统手工技艺也随着时代变迁日渐衰落。

（2）总体思路

村庄发展主动对接紧邻的银杏湖景区，突破一般非遗保护的静态、固化模式，将非遗文化整体植入乡村的生活生产生态中，村庄定位为非遗文化创意特色田园村，强调构建农旅创意机制作为乡村发展中的驱动因子。通过文创激活原有的村庄空间、农业空间与产业特色化，释放闲置的住屋、农田、水塘、茶园的资源价值，一二三产联动发展，形成村

观音殿村鸟瞰图

庄的内生动力机制。

（3）村庄规划设计

规划重点整合散落在江宁广袤乡村地区具有地方特色的非遗项目，聚集人才（手艺人或传承者或能工巧匠），通过恢复观音殿村传统乡村市集，改造现状特色老宅，置入非遗业态项目，重塑乡村记忆空间，让非遗文化回归民间传承生长的土壤，让村民和游客能感受一个有活力的非遗乡村空间。

设计团队在对传统民居进行调研的基础上，提取出双坡顶、白墙、黛瓦、空斗花墙等典型传统元素，恢复地方材料工法，营造传统乡居风貌。

结合现状场地特征、房屋改造建设和闲置空间整理，通过村庄公共空间设计改造，塑造具有地方性特色的田园乡村形象。

恢复传统乡村市集

典型农宅风貌治理图

非遗市集街

已引入非遗和文创项目

（4）实践成效

观音殿特色田园乡村试点的建设，切实改变了村庄人居和发展环境，农民财产性收入得到提升。为实现农旅文产业互融互促，村庄通过民间征集、举办创业大赛、引入品牌文创企业等方式，招入一批非遗民俗文旅产业项目，吸引了包括南京市内外的非遗传人、创业大学生、文创投资人的参与。

社区吸纳村民入股，与文创机构合作成立非遗文化发展公司，探索农业合作模式，驱动乡村持续发展，使老百姓一年增收约2万～3万元。村民共同参与家园建设，开辟村民市集，营造在家门口就业创业的氛围。在各方各面的积极参与和推动下，目前观音殿已从一个普通小村变成地区知名的明星村，引起社会广泛关注与参与。

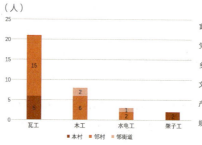

个体村民参与观音殿特色田园乡村建设

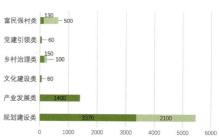

观音殿特色田园乡村建设项目分类投资情况

新江南水乡复兴村钱家渡

钱家渡位于湖熟街道和平社区西北面,西临溧水河,北靠句容南河,村庄总面积0.506km²(759亩),共有41户,137人。村庄地处典型的江南水乡风貌区,青虾、螃蟹等特色水产品养殖业和绿色大米、有机蔬菜等种植业已初具规模。

村庄因水而兴、临水而居,如何创造有价值的水乡空间,实现生态与产业、服务的融合发展,并在品质提升中彰显特色,是钱家渡特色田园乡村建设的关键问题。

村庄定位为以水乡田园为特色的美丽宜居新社区。立足生态,通过管控与保护、提升与修复、水环境建设等措施,优化水乡田园环境。在此基础上,优化产业环境,建设生态水产养殖基地,促进水产品的规模化、专业化、多元化发展,并拓展观光农业和休闲农业。同时,在各类乡村设施的规划建设中,始终融入主客共享的理念,使得不同年龄阶段的人群在不同的时间可以复合使用各类功能空间,实现集约高效的设施建设,激发乡村活力。

钱家渡坚持以还原田园水乡为抓手,在水环境治理、水产业培育、水乡风貌塑造与维护等方面取得显著成效。同时注重塑造水乡田园建设品牌,联合周边拓展延伸,形成钱家渡—孙家桥田园水乡发展组团。目前已建成开放,成为金陵水乡旅游第一村。

钱家渡村庄风貌

村庄水环境

金陵郊邑历史文化名村王家村

（1）村庄概况

王家村位于东山街道佘村社区，地处紫金山麓东南、青龙山与黄龙山的交汇处，毗邻佘村水库，周边山、水、田、林、居交融共生，是南京东郊山水田园风貌较为完整的传统村落。村内存留以潘家祠堂为代表的明清民居，传统工艺、宗祠文化底蕴深厚。村庄总面积约 0.422km²（633亩），2017年人口282人，95户。

（2）总体思路

基于村庄生态与人文的双重特色优势，设计团队以"传统村落风貌特质保护与文化激活驱动乡村整体复兴"为目标，提出传统村落的"全景式"保护与活化的发展思路，突出乡村整体意境的维护与塑造。通过彰显生境格局、恢复场景记忆、重温古风情境等策略与路径，将传统农业种植、传统农业加工及手工业、传统乡村农闲文体休闲活动进行系统

王家村风貌

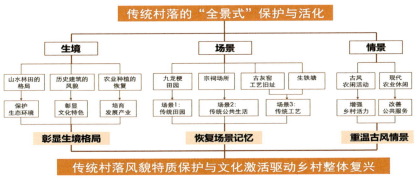

村庄情境构想

王家村规划设计总图

恢复重现，构建"金陵郊邑、古风佘村"的情景意向。同时对接现代都市近郊休闲生活与文化寻根的诉求，发展都市近郊乡村休闲产业。

（3）村庄规划设计

规划从历史建筑保护修缮、灰窑旧址改造提升、安置民居设计、公共休闲空间构建四个方面改善乡村人居环境并提升空间功能品质。

历史建筑保护修缮：王家村内保留有完好的明清建筑风貌（潘氏宗

潘氏宗祠改造前后对比

祠、潘氏住宅），具有古村特色的历史环境要素和非物质文化遗产。设计从屋顶、窗户、门、墙面、铺装等方面对古建筑进行保护性修缮，传承村庄历史风貌。

灰窑旧址改造提升：村中保存具有地方传统产业代表性的灰窑旧址，具有重要的产业景观价值和空间形象代表性。设计将其留存并通过"轻度介入"方式加以改造。通过生产场景留存、生产流程展示、参观路径设置等，塑造"穿越时空"的传统产业展示场景，强化乡村的景观类型和乡愁记忆。

安置民居设计：王家村在不同时期建筑谱系完整、各具特色。规划尊重坡地地形与农民意愿，在传承传统建筑智慧和风格韵味的前提下对安置民房进行创新设计，注重建筑与"山、水、田、园"交融共生的形态及空间格局，塑造属于"此时此地"的乡村住宅形象。

公共休闲空间构建：恢复乡村传统农闲文体活动，并适当引入当代农业休闲的活动，丰富提升村民日常休闲生活，引导游客体验古风农闲活动，让乡村文化传统在现代生活中焕发活力与生机。

灰窑旧址改造提升设计方案

改造后的灰窑旧址

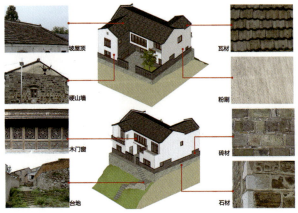

■ 地方材料、技艺及建造智慧的利用与传承，凸显建筑的"在地性"特征

■ 顺应村民生活方式需求，满足其"有院落、堂屋、储藏室，厨房相对独立"等具体意愿，同时提升其生活居住品质。

乡村民居改善设计方案

（4）实践成效

王家村以"都市郊游"与"古村文旅"为产业特色，构建农旅文融合发展的新型乡村产业模式。2018年累计接待游客超10万人次，旅游收入达1500万～2000万元，实现村民人均收入3.7万元，切实通过文化旅游带动富民增收，成为当地乡土记忆生活的承载地与江宁传统村落保护的复兴典范。

结语

江宁特色田园乡村规划建设的推进，廓清了江宁乡村片区—组团—村庄三个尺度的空间层次，丰富和明确了对应的建设与发展内涵。以"四个整体"发展理念（城乡共享发展的整体视角、村庄—山水田园—园区景区—集镇系列的整体空间、乡村地区三生三农的整体协调、部门协同创新的整体联动）、问题导向和特色化发展的总体思路，深挖村庄本体价值，将设计建设的主体由"村庄"延展到"田园"，整合乡村地区完整的"田园—乡村"空间格局，并从生态环境、人文内涵、产业发展等多维度丰富其特色内涵，整体提升了乡村人居环境品质和持续发展的内生动力。

同时，应该看到，江宁特色田园乡村建设正在由"示范亮点打造"转向"全域拓展推广"的关键阶段，如何整体统筹、深化创建这项系统性工程仍然面临诸多瓶颈，特别是地域乡村风貌特质的凸显、区域均衡发展的协调机制、乡村发展与村民的利益联结机制、更有效吸引社会资本参与乡村建设经营等问题需要在今后的发展建设中进一步探索。

营建品质乡村空间，留住看得见的"乡愁"：
常州溧阳市

立足山水田园，溧阳探索走出了一条"田园生金"的乡村振兴之路。2017年，全市休闲农业和乡村旅游接待游客超过760万人次，实现农旅收入35亿元，带动5万农户增收。溧阳市政府将核心资源整合成开启农旅融合的"金钥匙"，在发展路径上追求处处见景，但不是村村点火，而是通过特色田园乡村建设和天目湖品牌、1号公路等区域核心公共资源的整合打造，塑造农旅融合"新样板"。

《新华日报》2018年10月31日

张 伟 江苏省城镇与乡村规划设计院院长、研究员级高级工程师

陈 超 江苏省城镇与乡村规划设计院所长、高级城乡规划师

程昳晖 江苏省城镇与乡村规划设计院城乡规划师

溧阳，苏南的一方风水宝地，生长于茅山余脉与天目山余脉之间，有着"三山一水六分田"的地貌特征，山水田林湖皆备、丘陵平原圩区兼具。唐时期溧阳县尉孟郊，于知天命之年，迎母溧上作《游子吟》，千古传唱。溧阳有山有水，有诗有情。丰富的地形地貌、丰厚的文化底蕴为溧阳乡村的发展提供了肥沃的土壤。

溧阳乡村的蜕变始于 2012 年，它搭上了江苏省城乡一体化发展的快车，逐步开展全域村庄环境整治、美丽乡村建设、特色田园乡村建设和美意田园行动等工作，经历样板示范、串点连线、全面推进三个阶段，不断挖潜乡村原生动力，焕发乡村勃勃生机。

溧阳迄今共建设 21 个省级美丽乡村，13 个省级建设与环境整治试点村，6 个常州市美丽乡村示范点，7 个溧阳市美丽乡村，并有 6 个村庄分三批入选了省级特色田园乡村建设试点。溧阳市成为全省特色田园乡村建设试点最多的县级市，其中别桥镇塘马村、上兴镇牛马塘村、戴埠镇杨家村、溧城镇礼诗圩村 4 个村庄建设成效优异，获得江苏省第一批次特色田园乡村命名，受到省政府通报表彰，为建设宁杭生态经济带最美副中心城市融入了乡村力量，为江苏乡村复兴提供了能推广、可借鉴的溧阳样本。

2019 年 11 月，江苏省特色田园乡村建设现场推进会在溧阳召开

溧阳市全域乡村建设一览表

类别	个数	自然村
省级特色田园乡村试点	6	第一批：塘马、杨家村、牛马塘、礼诗圩；第二批：南山后；第三批：陆笪
省级美丽乡村	21	陈家村、大竹棵、河洛港、松墩、蛀竹棵、钱家基、八字桥、南北干圩、十三队、中王、金山洼、大山口、箕笪里、水西、储庄、马家、汤家头、瓦屋湾、全民、塘马、观西
省级建设与环境整治试点村	13	桂林、高关岭、礼诗圩、张家坝、钱家圩、阴山、马地、竹塘、南山后、观阳、同官街、灵官、杨树头
常州美丽乡村示范点	6	深溪岕、牛马塘、南山后、水西、联丰、方里
溧阳市级美丽乡村	7	徐家村、余家坝、石界滩、居家、西河、下陶、联丰

乡村空间高品质提升路径

多专业"接地气"设计，存续传统价值精神

（1）城乡规划高位引领

溧阳乡村建设始终坚持城乡规划的战略引领和刚性控制作用，建立县域、片区、线性、节点多层次全覆盖的乡村规划体系，从空间特色、

建筑品质、园林艺术等多专业方向,将规划设计理念贯穿设计、施工、运营各阶段始终。在村庄层面,从重视物质空间的提升到注重乡村经济产业特色化、个性化的营造,立足于自身优势,精准定位、差异引导,寻求个体错位发展。在组团层面,着眼于加强村庄之间的关联性和互动性,衔接景区、成团推进,强化1号公路联动载体的作用。在县域层面,结合溧阳"三山一水六分田"的地形地貌以及资源、产业特征,因地制宜、因势利导,规划统筹四大发展片区。

（2）村庄设计因地制宜

乡村设计秉承尊重自然的理念,在对乡村生活、乡土文化和村民主体的深入认知和感受的基础上,对乡村的居住空间、文化空间、生产空间、公共活动空间以及生态空间进行设计,最大限度地存续乡村原始肌理,保持富有传统意境的景观格局,使村庄与自然环境有机融合。例如在对礼诗圩生活空间进行塑造时,设计团队采用以空间重构引导生活方式的改善策略,从保护、整治、活化三个方面对内部空间和宅基地进行

县域特色田园乡村组团空间布局图

因地制宜的乡村景观

梳理整理，凸显"河道—道路—小巷—建筑—菜园"的典型空间组合，针对水系街巷空间的营造，以廊围院形成多进穿堂式布局，引水入院，使建筑组团自然融入环境。

（3）建筑设计诗意情怀

溧阳乡村建筑秉承江南民居的特征，以"黑灰"为主色调，黑色瓦，灰色或灰白色墙面，木构部分通常为栗色，一般为单栋小合院形式，布局基本随街巷走向。新建建筑和既有建筑改造，提取、继承地方村居原有构筑方式所反映出的屋顶形式、山墙特征、立面构成肌理、色彩运用等要素。建（构）筑物选材鼓励使用本地乡土材料，采用传统营造方式进行精细化处理，辅以旧农具、老物件等为装饰，体现地域特色。

（4）设计人才下沉入乡

溧阳邀请江苏省城镇与乡村规划设计院、浙江省建筑科学设计研究院建筑设计院、浙江绿城景观工程有限公司等众多优秀的设计团队为乡村建设出谋划策。设计团队下沉式驻场工作，一方面广泛聆听村民和村委会意愿，鼓励全民全程参与，以提供村民易懂、村委易用、乡镇易管的设计蓝图和建设指南。另一方面，设计师全程跟踪设计、施工、验收全过程，通过驻场设计与指导，保障乡村建设按照设计，有条不紊，不走形不变样地有序推进。

设计师驻场工作

乡村工匠"达人"

发挥工匠精神，高质量精品施工

溧阳在特色田园乡村试点建设中，培养出一批技艺纯熟的工匠队伍，石匠、木匠、编织匠、铁匠、砖瓦匠、窑匠等分工细致，各有所长，可以快速组建本土施工建设队伍，高质量完成建设任务。

平台公司建设运营，多主体共同缔造

溧阳特色田园乡村建设过程中探索出"不同主体牵头组成平台公司、多方共同参与建设运营"的成功模式，牵头主体包括市级国企、大型央企、社会资本、景区管委会、镇政府等。在建设运营过程中始终让村集体、村民有效参与，最终实现村强民富的目标。

溧阳市特色田园乡村多主体共同缔造模式
模式一：市级国企平台牵头 以塘马村建设运营为例，由溧阳市三大市级国有企业集团之一的苏皖合作示范区建设发展集团有限公司（以下简称"苏皖集团"）牵头成立平台公司，参与的其他主体有别桥镇人民政府、塘马村集体、村民合作组织、民营企业以及社会团体。
模式二：大型央企牵头 以礼诗圩为例，由大型央企中商投实业控股有限公司牵头成立平台公司，参与的其他主体有溧城镇人民政府、八字桥村集体、村民合作组织、原乡公司以及民营企业。
模式三：社会资本牵头 以杨家村为例，由浙江蓝城集团牵头成立平台公司，参与的其他主体有南山花园旅游发展有限公司、戴埠镇人民政府、戴南村集体、村民合作组织。
模式四：景区管委会牵头 以牛马塘村为例，由曹山旅游度假区管委会牵头成立平台公司，参与的其他主体有龙隐江南旅游发展有限公司、上兴镇人民政府、余巷村集体、村民合作组织、原乡公司。
模式五：镇政府牵头 以南山后村为例，由上黄镇人民政府牵头成立平台公司，参与的其他主体有原乡公司、南山后村集体、村民合作组织、民营企业。

实施成效

尊重自然、由繁入简,设计引领村落有序生长

村庄维持适度的规模尺度和自然的边界,老村保持传统意境的田园格局,新建部分延续传统肌理,村庄与周边自然环境有机融合。通过土地综合整治、生态修复、旅游公路打造等措施,串点成线、以线带村,打通了绿水青山与金山银山之间的通道,实现"山水田林人居"和谐共生。

自然和谐的田园风光

乡土要素和传统营造技艺加持,"乡愁"物质媒介彰显

村庄规划设计强调本土化回归,植物选配采用本地适生品种,使用瓜果蔬菜、自繁衍各类花卉等,在村民院内、住宅边、道路两旁、菜园种植绿化;建筑材料使用本地乡土材料,采用石匠、瓦匠、竹编、木板雕刻等传统营造方式进行精细化处理,制作成围挡、红砖墙、亲水平台、篱笆围栏等,因地制宜地保护和传承传统技艺与工艺,塑造乡土特

乡土材料与传统工艺利用

色景观。

乡村经济多元发展，助推百姓家门口就业创业

市场化运作推动了乡村产业的多元发展，撬动"沉睡的资源"化身优质资产，激活了乡村发展动力。例如江苏农业龙头企业"优鲜到家"，携手礼诗圩，针对本地生态绿色农产品，荷、莲等，发展精深加工及线上线下协同销售产业，同时共同设计推出以莲子、糯米、乌米藕为主题的文创产品，实现了农产品及其衍生品的有效推广。又如博士仲春明在溧阳市戴埠镇创立美岕山野温泉度假村等项目，在大幅提升溧阳南山片区乡村休闲产业品质的同时，为当地村民就业和职业人才发展提供了创业平台，成为"溧商回乡创业"助力乡村发展的典范。

专业大户、家庭农场、农民合作社、农业产业化龙头企业等新型农业经营主体，充分带动了小农户共同发展，吸引原住民成为农业产业工人和物业人员，带动当地农民自主创业。农民增收渠道得到拓展，租金收入、土地流转收益、企业务工收入、合作社股份分红、农产品销售收入得到较大提高。

"优鲜到家"农产品展销中心　　　新型职业农民技术培训

此外，各地根据村庄产业发展实际情况，组织新型职业农民开展技术培训，授人以渔，让村民获得立身之本。

结语

溧阳市在特色田园乡村建设过程中，构建了多层次体系化的乡村营建之路，为县域乡村振兴打下了坚实基础。在规划设计体系中，基本实现全域城乡空间的规划全覆盖，发挥设计的力量推动高质量发展，为溧阳乡村的保护与发展提供了有力保障。在乡村建设工作中，实现了三个方面的转变：从重视"试点先行"的点状做法到注重"以点带面、串点连线、组团成片"的全域联动发展；从重视物质空间的营造到注重全域乡村旅游载体的全方位、系统性规划与建设；从重视单纯景观环境的提升到注重田园山水、地域文化和旅游产业的振兴与融合。溧阳通过美好乡村空间环境的塑造，留住了看得见的"乡愁"。

COUNTRYSIDE
—
Jiangsu Explore for
Rural Vitalization

◎ 乡村复兴，需重塑田园之美——规划大师齐聚昆山倡议推动田园乡村建设
◎ 中国梦的乡村复兴之路——江苏启动特色田园乡村建设行动
◎ 李强在全省特色田园乡村建设座谈会上强调致力乡村复兴　建设美好家园
◎ 乡村复兴，守住文明之根——江苏建设特色田园乡村观察
◎ 让城镇化成为记得住乡愁的城镇化——江苏建设特色田园乡村促进乡村复兴的调研和思考
◎ 中国乡村振兴的时代抉择——江苏乡村特色田园建设的多维观照
◎ 融合发展，重塑城乡关系——走好乡村振兴之路
◎ 江苏再添 25 个特色田园乡村建设试点村庄 ——让特色田园扮靓新乡土时代
◎ 江苏：探路现代化建设新征程
◎ 江苏召开特色田园乡村建设现场推进会
◎ 任振鹤在溧阳调研强调：特色田园乡村建设要在全省开花结果
◎ "三个含量"彰显城乡建设更高质量
◎ 聚力强富美高　决胜全面小康——钱家渡口话小康：两个村庄的美丽蜕变

03

特色田园乡村建设
乡村振兴的江苏探索

社会共识

乡村复兴，需重塑田园之美
——规划大师齐聚昆山倡议推动田园乡村建设

《新华日报》2017年3月31日

3月28日，昆山锦溪镇祝家甸村，29岁的杨雅筠给记者讲她自己的故事。今年初，杨雅筠收缩在上海的广告传媒公司业务，成为回流乡村，参与乡村复建的志愿者。她说，村里人以前都往城市涌，村子日渐衰败。这一年多来，规划设计大师以文化为切入点进行乡村复兴，让村子活力重现。

祝家甸村，成为江苏乡村复兴大潮中率先溅起的"浪花"。28日，省内外规划大师齐聚这里，倡议各方共同推动田园乡村建设实践。

让记忆里的江南重生

进入祝家甸村，第一眼就是惊艳。远处，长白荡的碧波、油菜花的烂漫衬着传统江南民居，宛如一幅水墨画。近处，高耸入云的红砖烟囱旁，是改造后既有传统砖窑风貌又注入现代文化创意元素的砖窑文化馆。馆内展陈着精致的砖艺及文创作品，玻璃瓦与红砖相融的砖窑二楼，空间自然通透，"淀西砖瓦二厂"的大写繁体字仍存留在墙面上，陈列的文字与图片述说着祝家甸村古窑金砖非遗文化。

"三十六座桥，七十二座窑"，曾是对这里独特地理特征和鲜明历史风貌的生动概括，小桥流水和红砖窑厂成为很多人的童年记忆，后来砖窑厂慢慢退出历史舞台。村口这座砖窑厂1981年建成，废弃后差点被爆炸拆除，哪知道却被中国工程院院士、中国建筑设计研究院总建筑师崔愷相中。他认为，"不合时宜"的废弃砖窑承载着非遗文化，凝结着当地人的记忆和汗水，蕴藏着重唤乡村生机的天然基因。

崔愷设计团队进行"微介入"和"微整形"，在保护和利用中寻找平衡点：一层基本的窑体保持不动，保存原入口、楼梯和内部结构，利用预制钢拱进行加固构建；二层棚架重新改建，选用轻钢结构作为屋顶支撑；尽量利用窑体内的空气作为冷源，辅以电扇作为制冷系统，绿色环保……

崔愷同时承担昆山西浜村农房的改造设计。同样以最轻、最细微的方式更新与改造，并恢复当年《玉山雅集》中玉山草堂的气质雅静建成昆曲学社，利用沟通村落的水网交通，通过小舟和昆曲将文化融入生活，水乡曲荡，留住乡音。

就这样，在小桥流水的江南小村里，乡村复兴唤醒当地人的乡情记忆。

"回流乡村的年轻人慢慢在增加"，杨雅筠说，每到周末，周边城市的人们蜂拥而来，"民宿、农家乐很兴旺，村里的老阿姨也有工作干了。砖窑文化馆成了村里的文艺聚集地，我也会帮助引进一些高大上的活动。"

让农民成为乡村复兴主体

"万物有所生，独知守其根。"乡村是中华传统文化的根基。但在快速城镇化和现代化进程中，乡村面临着资源外流、活力不足、基本公共服务短缺、人口老化和空心化、乡土特色受到冲击和破坏等严峻挑战。原本亲近的家乡，渐渐让很多人感觉陌生，有了疏离感。

江苏省住房和城乡建设厅副厅长刘大威介绍，6年前江苏启动实施"美好城乡建设行动"，探索推进城乡发展一体化，彰显、激发、重塑乡村价值。当时组织设计大师深入全省283个乡村，历时15个月、行程5万多千米，了解农民最关心、最迫切、最急需、受益面最广的问题，这为随后开展的村庄整治提供决策依据。而如今，这也成为乡村全面复兴的底数。

江苏乡村实践，引发专家学者和执政者们诸多思考：乡村发展未能得到城市同等地位的重视，需要全社会的共同努力来改变。回归田园正成为不少人的向往。

江苏省住房和城乡建设厅厅长周岚表示，"十二五"期间江苏更多立足于改善农村脏乱差的环境面貌进行农村建设，物质环境对乡村改善而言是一个触媒，但乡村建设终究是乡村社会的综合复兴。

"乡村复兴的本质不是自上而下，而是自下而上。它不是迅即的，而是渐进的过程，必须靠农民主体作用的发挥、全社会的共同帮助和推动。祝家甸村的村庄复兴规划虽由大师完成，但吸纳村民参与，村中受过教育在外工作的孩子慢慢返乡，作为志愿者参与，建设工作做得很仔细，参与的过程也变成农民重新认识家园、重塑家园自豪感的过程。"周岚说，今年李克强总理在政府工作报告中明确要求"建设既有现代文明又具田园风光的美丽乡村"，省第十三次党代会也提出"加快美丽宜居村庄建设，着力培育一批有特色的美丽乡村"，"当代田园乡村建设实践·江苏倡议"是对中央和省委省政府要求的呼应。

让乡村在生态文明时代弯道超越

"关注田园建设是历史的必然，江苏率先提出田园乡村建设的命题，给既体现现代文明又体现田园

风光的乡村建设提供示范。"中国建筑学会理事长修龙表示。

中国城市规划学会副理事长石楠充分肯定昆山乡村复兴实践,"如果说从农业文明走向工业文明时,乡村明显落后于城市,那么眼下生产、生活、生态空间一旦在乡村高度融合,将有助乡村在生态文明时代实现弯道超越"。

"城乡身份认同不明、生活方式变迁、传统营造工艺衰亡,让当今乡村产生了'特色危机',由此也让乡村变成了'回不去的是故乡'。"中国工程院院士、东南大学建筑学院教授王建国坦言,长期以来,各级政府习惯用建设城市的思路来建设农村,用发展工业的思路发展农村,导致农耕文明及其赖以生存的生态环境严重失控。

崔愷直言,乡村复兴,须找出乡村个性特征、历史文化基因,不应是对村民的房子进行"虚假的化妆",而是引导性示范,用"小精品"的办法替换"大投入"式的乡村营建,"文化自信和文化创新,对建筑界也是非常重要的机会。回到乡村,可能才会真正找到我们文化的根。当然,提升乡村文化,也应注入时代元素。"

中国梦的乡村复兴之路
——江苏启动特色田园乡村建设行动

《中国建设报》2017 年 7 月 7 日

随着第一个"百年目标"的临近，中央对"三农"工作的支持力度也越来越大，相继组织实施了人居环境改善、基础设施建设、田园综合体试点和农村综合改革等一系列项目。

乡村愈发被重视，乡村亟待被唤醒

今年 3 月，江苏省住房和城乡建设厅联合中国建筑学会、中国城市规划学会等在江苏昆山首发"当代田园乡村建设实践·江苏倡议"，倡议推进当代田园乡村建设实践行动，营造立足乡土社会、富有地域特色、承载田园乡愁、体现现代文明的当代田园乡村。江苏省委、省政府日前印发的《江苏省特色田园乡村建设行动计划》（以下简称《行动计划》）以及省政府召开的"全省特色田园乡村建设试点启动会"，再次为复兴乡村"加码"，正式拉开了该省乡村复兴的大幕。

集众智汇众力——部门联动撑起乡村复兴大课题

历史经验表明：当城镇化率达到较高比例时，凡是能够很好地重塑城乡关系、挖掘乡村魅力和特色、注重乡村治理的，乡村吸引力就比较强，经济社会发展也比较稳健；凡是过分看重城市发展而忽略乡村建设的，不仅农业、农民问题越来越严重，而且加剧了城市一系列社会问题的恶化，最终导致经济社会发展停滞甚至倒退。

目前，江苏城镇化率已达 67.7%，城镇常住人口超过 1/3，即将进入城镇化稳定发展期。在这一关键节点，必须把握大势、顺应大势，不失时机地将乡村复兴摆上应有的重要位置。可以说，推进特色田园乡村建设，是江苏省委、省政府立足江苏实际、着眼未来发展作出的一项战略决策，是在城乡建设和"三农"工作领域谋划布局的一篇"大文章"。

3 月 31 日，长期关注乡村工作的江苏省委书记李强对当日在《新华日报》刊登的题为《乡村复兴，需重塑田园之美》一文作出批示："此事很有意义，省住建厅要跟踪服务，及时指导，做出特色。"随后，李强点题，多次就推进特色田园乡村建设作出批示，提出明确要求；代省长吴政隆主持召开省政府常务会议，专题进行研究；不久前召开的江苏省委十三届二次全会，又对此作出总体安排；江苏省政府还成立了由17个部门和单位参加的特色田园乡村建设工作联席会议，省住房城乡建设厅承担联席会议办公室职责，联席会议在副省长蓝绍敏的主持下召开了大大小小近10次"诸葛亮会"……一项项大动作支撑起乡村复兴这一大课题。

"江苏省委、省政府提出建设特色田园乡村，核心是对现有农村建设发展相关项目进行全面整合升级，并与国家实施的有关重点工作相衔接，统筹推进乡村经济建设、政治建设、文化建设、社会建设和生态文明建设，上升到统揽'三农'工作的高度。"蓝绍敏在谈及江苏乡村未来发展时很有信心，"只要始终保持历史的耐心和发展的定力，持之以恒地把这项工作做下去，一定能够使江苏的'三农'工作再上一个新台阶，一定能够使江苏的新农村更具竞争力和吸引力，未来江苏社会主义新农村的现实模样也非常值得期待。"

当下，江苏正朝着这一期许蓄力向前，努力走出一条符合规律、契合实际的乡村发展与复兴的新路子，努力使"繁华都市"与"田园乡村"交相辉映。

选试点取经验——围绕三个层面打造田园乡村

6月20日，江苏省委、省政府正式印发《行动计划》。按照《行动计划》要求，"十三五"期间，省级规划建设和重点培育100个特色田园乡村试点，并以此带动全省各地的特色田园乡村建设。围绕"特色""田园""乡村"这三个关键词，发展特色产业、特色生态、特色文化，构建田园风光、田园建筑、田园生活，打造美丽乡村、宜居乡村、活力乡村，最终目标是实现"生态优、村庄美、产业特、农民富、集体强、乡风好"的特色田园乡村现实模样。

对省一级开展试点，江苏确定了"县、团、点"三个层面，目标是既要在点上探索出经验和成效，也要在片上和更大范围内形成工作的路径和机制。

从进度安排上看，2017—2018年为试点阶段，2018—2020年为试点深化和面上推动阶段。

目前，《行动计划》提出了进入首批试点的"351"方案，即3个县、5个团、10个点，村庄总数40个左右。经过层层遴选，已经形成了5个县、8个团、20个点的"582"方案。

据介绍，此批试点为竞争性试点，能不能从"582"进入到"351"，将根据村庄所在地各级党委、政府的积极性高不高、决心大不大、点子多不多以及对特色田园乡村建设的内涵要求把握得准不准、规划设计方案和工作方案水平高不高、针对性和操作性强不强等方面进行衡量。

补不足添活力——让乡村不再是"盆景式"发展

没有产业支撑的乡村，只会是昙花一现的"盆景"；没有农民扎根的乡村，无法实现持续健康发展。一直以来，如何让职业农民成长扎根、让特色产业发展壮大，是一个亟待解决的大问题。

江苏省住房和城乡建设厅厅长周岚认为，在特色田园乡村建设过程中，除了要传承乡土文化、保护乡愁记忆、保护乡村传统空间肌理和传统建筑以外，还要体现当代追求、优化城乡公共资源配置、让广大农民群众共享现代文明成果。通过特色田园乡村的规划建设和物质环境的持续改善，让农民留下，同时吸引人口、社会资源向乡村回流，激发乡村活力。

乡村出现空心化，最根本的原因在于城镇和乡村之间未能实现均衡发展，特别是公共服务差距比较大，乡村失去吸引力，发展缺乏动力和活力。对此，江苏将通过推进特色田园乡村建设，持续改进人居环境条件，努力提供与城镇等值的基本公共服务，创造让职业农民生存、成长、扎根的环境，让全体居民创业、致富、安居的环境，激发广大农民的积极性、主动性和创造性，让乡村成为事业兴旺、产业兴旺、人丁兴旺的活力村、优势村。

在基础设施建设方面，江苏将持续推动乡村道路、供水、污水和垃圾处理等各方面的基础设施建设，注重各类设施之间的配套。同时，不断拓展建设内容，提升建设标准，并建立健全管理、维护和运营的长效机制。对于基本公共服务改善，江苏将于近日发布《"十三五"时期基层基本公共服务功能配置标准》，各地将逐一对表找差，在解决"有没有"的基础上，进一步解决"好不好"的问题。基础设施完善了，公共服务到位了，乡村的吸引力、竞争力就会相应得到提高和加强。

此外，在推动"农民富"方面，江苏将集中推动一批特色小城镇和特色田园乡村建设实践，形成"串点成片"的发展格局。今年将在南京市江宁区银杏湖周边、高淳区桠溪国际慢城、徐州市铜山区吕梁山等区域，率先培育一批美丽乡村示范区。同时，结合省全域旅游推进、"互联网+乡村"、省生态网络构建工作，联动推进有机农业、创意农业、旅游观光等乡村品牌建设，吸引社会资源向乡村进一步流动，带动乡村产业发展，促进农民增收致富，吸引人口回流，助推乡村复兴。

返朴实归本真——规划建设让新旧共生共荣

乡村最美的、最富有吸引力的就是其田园意境。乡村和城市要各美其美，就要遵循发展规律，尊重农村习俗，坚持走符合乡村实际的路子，着力塑造田园风光、田园建筑、田园生活。特色田园乡村可以建设，但更主要的应该是文化的挖掘和传承，不应该是全新重建、大拆大建。

让乡村重归美好，推倒重建既没有必要也没有推广价值，还会带来巨大的资金资源浪费。特色田园乡村建设，一定要尊重乡村特有的田园景观、传统建筑和肌理，特别要注重乡土文化的挖掘和传承，慎砍树、不填湖、少拆房，尽可能在原有村庄形态上改善居民生活条件和乡村环境，绝不能用推翻重建的方式塑造乡村，决不能因大量新建而造成"建设性破坏"。

江苏省住房和城乡建设厅党组书记顾小平表示，试点地区将突出规划引领，抓好整体设计，确保规划和方案充分体现特色田园乡村建设的核心理念，确保经得起实践和历史的检验。同时，多规融合，形成"规划设计一本通"，无论是空间、生态，还是土地利用、基础设施、公共服务、产业发展，都将同步考虑、相互衔接、有机融合、能够落地。此外，还要充分体现乡村特色，既选好设计队伍，又吸纳原住民积极参与，并发挥好乡村建设技能型人才的作用，在材料选择上也要有乡村特点，真正使规划和设计方案体现广大农村居民的真实需求。

据了解，江苏将建立专家咨询和技术指导制度，组织熟悉乡村情况、热心乡村建设的大院大所、设计大师和专家学者、优秀专业技术人员、志愿者等，实质性、全过程参与特色田园乡村的规划、设计和建设。此外，还将组织制定特色田园乡村建设标准，编制技术导则，在更高层面指导特色田园乡村建设。

李强在全省特色田园乡村建设座谈会上强调
致力乡村复兴　建设美好家园

《新华日报》2017 年 8 月 30 日

8月29日，全省特色田园乡村建设座谈会在宁举行。省委书记李强在会上强调，特色田园乡村建设是促进乡村复兴的战略抓手，要注重乡土气息，彰显个性特色，提升多元价值，焕发内生活力，统筹有序推进我省特色田园乡村建设，积极探索乡村复兴的江苏路径，努力建设美好生活家园。

李强深刻阐述了特色田园乡村建设这一重大决策部署的背景、意义和考量。他说，在我省综合实力明显增强、城镇化发展到一定程度的时候，把推进特色田园乡村建设作为提升"三农"工作水平、促进乡村复兴的一大战略抓手是大势所趋。乡村是农耕经济的载体，也是文化传承的载体，是中华五千年文明之根。我们必须唤醒乡村复兴的意识和理性，重新认识乡村文明的价值和使命。推进特色田园乡村建设，目的是发挥乡村独特禀赋，以田园生产、田园生活、田园生态为核心组织要素，实现多产业多功能有机结合，促进乡村经济社会的整体进步，努力走上一条乡村复兴之路，让我们的城镇化成为记得住乡愁的城镇化，让我们的现代化成为有根的现代化。部署推进特色田园乡村建设，就是要坚持问题导向、着眼矛盾解决，注重在更基层、更广阔的乡村一端发力，引导乡村的理性建设，吸引人口、资源、技术等要素向乡村回流，提升乡村内生活力。我省推进特色田园乡村建设，具备良好的基础和条件，要进一步深化思想认识，加大工作力度，提升建设水平，积极探索乡村复兴的江苏路径，努力构建田园乡村与繁华都市交相辉映的城乡形态。

李强指出，省委、省政府已印发《江苏省特色田园乡村建设行动计划》，各地各部门要准确把握特色田园乡村建设的目标取向。要注重乡土气息，注意防止乡村景观"城市化"、乡村开发过度"商业化"、乡村建筑"西洋化"等倾向，立足乡村实际，遵循乡村发展规律，体现乡村自身特点，保留乡村田园风貌，使农村更"像农村"，留得住青山绿水，记得住乡情乡愁。要彰显个性特色，关注乡村的差异性、多样性，找到不同乡村的"性格",内外兼修,多角度、全方位发掘乡村的个性和特色,融合乡村所处地域的自然环境特色,注入生态文化、历史文化、民俗文化等元素,培育村落的独特气质。要提升多元价值,顺应经济社会发展的潮流,统筹农村多元价值的合理利用,促进优质资源要素向乡村流动,特别是找到产业发展的突破口,促进乡村文明的复兴,从整体上引导乡村的综合发展。要焕发内生活力,以村民为本推进建设,立足原住地、原住房、原居民,融入时代感、现代性,让农民享受到更好的公共服务,过上更有品质的生活。

李强强调,特色田园乡村建设是一项长期艰巨的任务,要统筹有序推进建设。要抓好试点示范工作,试点地区要科学谋划,注重质量,扎扎实实抓好推进,争取做一个成一个,做出精品、做出特色。要强化政策统筹聚焦,加大有关资金整合力度,发挥市场作用撬动社会资本、金融资本,探索建立可持续的投入机制,并与深化农村改革联动推进,试出一批可复制、可推广的改革成果。要加强建设力量集成,各级党委政府要在规划制定、政策支持、工作导向、制度建设等方面发挥主导作用,同时要充分发挥村民主体作用,并积极探索有效方式和渠道,让乡贤参与到特色田园乡村建设中来。

座谈会上,省住房城乡建设厅负责同志介绍了全省特色田园乡村建设情况。宿迁市、江宁区、兴化市、昆山市锦溪镇朱浜村、溧阳市戴埠镇戴南村、铜山区伊庄镇倪园村负责同志作了交流发言。会议期间,与会同志在南京市江宁区部分乡村进行了现场观摩,这些乡村特色发展的探索实践给大家留下深刻印象。

省委、省政府有关领导同志,各设区市分管负责同志,特色田园乡村建设试点村负责人,省有关部门主要负责同志等参加会议。

乡村复兴，守住文明之根
——江苏建设特色田园乡村观察

《人民日报》2017年9月1日

让我们的城镇化成为记得住乡愁的城镇化，让我们的现代化成为有根的现代化。

"开轩面场圃，把酒话桑麻。"看看唐诗宋词里那些对乡村的咏叹，便可知在很多中国人心中，都有一个田园梦。但猛然回首，乡村与梦中田园已经在工业文明的潮推浪卷中渐行渐远，"耕读传家"景象渐渐模糊，质朴悠远的乡愁无处寄托。乡村发展向何处去，是一道令人困惑的考题。

"望得见山，看得见水，记得住乡愁"。党的十八大以来，党中央高远的历史眼光和文化胸怀，让重构新型城乡关系、人与自然的关系，成为时代的呼唤。越来越多的地方加入寻找梦中田园、留住记忆乡愁的探索实践，这其中提出"乡村复兴"的江苏一马当先。从邀请全国各地院士、专家及相关部门官员一道发出"当代田园乡村建设实践·江苏倡议"，到确立全省首批45个村庄为特色田园乡村试点，再到全省特色田园乡村建设座谈会上碰撞火花……江苏将特色田园乡村建设作为促进乡村复兴的战略抓手，筑起一条回应时代呼声的"回乡之路"。

"特色田园乡村建设绝不是一个乡村美化行动，而是现代化建设新阶段的一场深刻革命。"诚如中国城市规划协会会长唐凯所言，今天乡村复兴之路，理应是一条文明有根的现代化之路。江苏省委书记李强解读江苏推进特色田园乡村建设，落脚点也在于"文明"："乡村是农耕经济的载体，也是文化传承的载体，是中华五千年文明之根。我们必须唤醒乡村复兴的意识和理性，重新认识乡村文明的价值和使命。"放眼江苏实践，昆山市朱浜村、溧阳市戴南村，以及徐州市铜山区倪园村、南京市江宁区的观音殿村……旧时老墙庭院、篱笆藤蔓、溪桥流水之景逐步重现，今日现代文创、智能农业、科技配套相得益彰，正在谱写乡村复兴的崭新篇章。

在农业现代化的道路上，如何留住独特的田园牧歌，防止乡村景观"城市化"、乡村建筑"西洋化"、乡村生活"空心化"？江苏给出的答案是抓住三个要素：在风貌塑造上留住乡村的"形"，在文化传承上留住乡村的"魂"，在宜居宜业上留住乡村的"人"。这三大要素，正是要发挥乡村独特禀赋，以田园生产、田园生活、田园生态为核心组织要素，促进乡村经济社会的整体进步，形成更有生命力的"乡村美学"。

散发乡土气息，需在风貌塑造上留住乡村的"形"。"中国要美，农村必须美"。离开了门前屋后的半亩方塘、邻里乡亲的淳朴乡风，乡村就会变成既不像农村，也不像城镇的"四不像"。因此，在探索乡村复兴的路径中，要遵循乡村外在形象和精神内质的有机统一，呈现原生的田园风光、原真的乡村风情、原味的历史质感。

彰显个性特色，要在文化传承上留住乡村的"魂"。工业化进程中，我们常常把振兴乡村当成改天换地的舞台。然而，"万物有所生，而独知守其根"。斑驳的庄台祠堂、儿时的民间故事、传统的非凡技艺……乡村蕴含着社会变迁中的一切基因，通联着我们民族的文化血脉。充分发掘乡村的个性和特色，融入生态文化、历史文化、民俗文化等元素，才能根牢魂定，孕育出村落的独特气质与性格。

提升多元价值，要在宜居宜业上留住乡村的"人"。乡村的核心是人，乡村复兴的目的也是为了人。在"产业、创业、就业"富民渠道上着力，焕发田园的活力；在"土地、公共服务、村民自治"三项改革上使劲儿，提升村民的动力；在"生态、风貌、文化"三个层面建设上下功夫，展现乡村魅力，让农民重新认识家园，过上更有品质的生活，才能防止农村"空心化"。

习近平总书记指出，乡土文化的根不能断，农村不能成为荒芜的农村、留守的农村、记忆中的故园。乡村复兴的本质不是简单的自上而下，更需要自下而上的内生动力。这一进程不可能是迅即的，而是渐进的，需要全社会的共同努力。希望乡村复兴的"江苏实践"能让更多地方获得启发，推动更多的人重新认识古老乡村文明的价值和使命，让我们的城镇化成为记得住乡愁的城镇化，让我们的现代化成为有根的现代化。

让城镇化成为记得住乡愁的城镇化
——江苏建设特色田园乡村促进乡村复兴的调研和思考

《光明日报》2017 年 11 月 19 日

中国特色社会主义进入新时代，我国社会主要矛盾已经转化为人民日益增长的美好生活需要和不平衡不充分的发展之间的矛盾。当前，我国社会中最大的发展不平衡，是城乡发展不平衡；最大的发展不充分，是农村发展不充分。作为经济社会活动的两大空间载体之一，乡村是中华文明的根脉所系，中华民族迈向伟大复兴，不能仅靠城市文明的单极扩张，还要同步激发乡村文明的活力。党的十九大着眼"两个一百年"奋斗目标和农业农村短腿短板的问题导向，提出实施乡村振兴战略，并对乡村振兴战略提出了"产业兴旺、生态宜居、乡风文明、治理有效、生活富裕"的总要求，这对守护中华文化之根，实现中华民族的伟大复兴具有重大而深远的意义。战略确定之后，有效贯彻落实成为关键。实施乡村振兴战略，该怎么办、怎么干？从今天起，本报陆续推出乡村振兴系列报道，在深入调研的基础上，挖掘、提炼相关地区贯彻落实十九大精神，实施乡村振兴战略的好经验、好做法，以期为各地更好推动实施乡村振兴战略提供有益启示和借鉴。

进入江苏省昆山市锦溪镇，迎面而来的是成群的白鹭，一会儿在刚收割过的稻田上空飞翔，一会儿又隐入鱼塘边的香樟林。这是一个江南水乡的典型场景，也是许多游子常年萦绕在心间的乡愁记忆。

中国人心中都有一个田园梦，都有一首乡愁曲。

农村是我国传统文明的发源地，乡土文化的根不能断，农村不能成为荒芜的农村、留守的农村、记忆中的故园。历史经验也表明，当城镇化率达到较高比例时，凡是能够很好地重塑城乡关系、挖掘乡村魅力和特色、注重乡村治理的地方，乡村吸引力就比较强，经济社会发展也比较稳健。凡是过分看重城市发展而忽略乡村建设的地方，不仅农业、农村、农民问题越来越严重，也会导致城市一系列社会问题的恶化，最终拖累经济社会发展。

江苏城镇化率已达 67.7%，城镇常住人口超过 2/3，即将进入城镇化稳定发展期。在这一关键节点，江苏省委、省政府把乡村复兴作为一个大课题来谋划，提出建设立足乡土社会、富有地域特色、承载田园乡愁、体现现代文明的特色田园乡村，从全省 18 万个自然村中选出 45 个自然村进行试点，努力探索一条符合规律、契合实际的乡村发展与复兴的新路子，形成"繁华都市"与"田园乡村"交相辉映的新图景。

特色产业、特色生态、特色文化打造乡村独特竞争力

特色就是要彰显个性，关注乡村的差异性、多样性，找到不同乡村的"性格"，特色体现了乡村独特的竞争力。江苏地形地貌形态丰富，既有广阔的苏北平原，又有江南的小桥流水，还有沿海沿江湿地和丘陵山地，从而衍生出类型多样的乡村聚居形态。在推进特色田园乡村建设的过程中，江苏各地充分挖掘和利用自身的特色资源，走多样化的特色发展之路，其中特色产业是基础、特色生态是重点、特色文化是内核。

在发展壮大有优势、有潜力、能成长的特色产业的过程中，江苏形成了一批具有地域特色和品牌竞争力的农业地理标志性产品。在无锡市惠山区阳山镇，一个小小的水蜜桃做出了富民大产业。"水蜜桃是阳山高效农业的灵魂，阳山人从单纯的卖'桃'到卖'树'，再到卖'生活'，每一次升华都使水蜜桃价值发生质的飞跃，水蜜桃真正成了致富果。"阳山镇党委书记吴立刚告诉记者。徐州市倪园村深度开发花茶、盆栽小品、干花工艺、化妆品等产品，开展农业采摘和盆景造型、插画艺术等观光体验，挖掘手工艺和奇石文化，建设民俗创意工坊，开发手工剪纸、手工印染、奇石雕刻等产品和香油、烙馍、调味酱等乡土味的特色农产品，开设农副产品网点，打造"倪园"牌系列农副产品，产生良好的生态和经济效益。

通过实施山水田林湖生态保护和修复工程，保护、修复提升乡村自然环境，江苏促进了"山水田林人居"的和谐共生。泰州市委书记曲福田多次调研特色田园乡村建设工作，他认为要在特色产业、特色生态、特色文化中彰显"特色"，按照"生态优、村庄美、产业特、农民富、集体强、乡风好"18 字要求，在重塑田园风光、田园建筑、田园生活中呈现"田园"，在建设美丽乡村、宜居乡村、活力乡村中凸显"乡村"。在 45 个特色田园乡村试点中，兴化市有三个自然村入选。其中缸顾乡的"贡禾"大米、"大地蓝"绢纺、千垛菜花香油、东旺蔬菜等农产品目前已形成品牌效应。同时，兴化还推出了垛田观光、渔村体验、互动游乐和康养度假等旅游新品，实现"生态＋旅游""生态＋农业"融合发展。东罗村的千垛果园专业合作社正在打造集"观光、采摘、垂钓、餐饮、休闲"于一体的休闲农庄，旅游高峰期，闲置的农宅成了"香饽饽"，一房难求、一桌难订成为常态。

江苏注重将传统和现代有机结合，保持富有传统意境的田园乡村景观格局，延续乡村和自然融合的空间关系。"特色风光、特色风貌和特色风俗"是扬州在特色上"做文章"的核心。扬州市委书记谢正义提出，打造特色田园乡村建设的扬州典范，既要保留农业农村的"衣服"，又要提供标准化的现代服务。要做到乡村内有田、有园、有体验，既方便本地原住民生活，又服务于外来旅行者；要注重体现乡村的通达性、标识性和永续性；要与地方特色风貌塑造结合起来，与农村基本公共服务配套和规范结合起来，与乡村旅游结合起来。

内外兼修，多角度、全方位发掘乡村的个性和特色，融合乡村所处地域的自然环境特色，注入生态文化、历史文化、民俗文化等元素，培育了江苏众多村落的独特气质。这些有生命力的个性正是乡村复兴的"根"，也是江苏建设田园乡村的"魂"。

田园风光、田园生活、田园建筑呈现"乡村美学"生命力

田园，呈现的是意境。陶渊明的《桃花源记》为世人描述了一幅优美的田园画卷，被传诵至今，就是因为写出了人们对田园生活的向往。但如果只有美丽的田园意境，没有农村的生活内涵，乡村就依然只是城里人观光的"盆景"，依然留不住乡愁。乡愁是一个地方自然地理环境、经济社会因素、居民生产生活方式等长期积淀形成的。江苏乡村中，老宅、祠堂、古桥、古树比比皆是，民间故事、历史典故、传统技艺、乡风民俗数不胜数，很多地名、村名背后都有一连串的传说。传统文化绵延不绝，这些都是乡愁传承的载体。

阳山镇桃源村不仅景色宜人，还有许多令人神往的人文古迹。据1925年重修的《周氏宗谱》记载，村民先祖为北宋著名理学家濂溪先生周敦颐。漫步在田埂地头，美景随处可见。村名被雕刻在由阳山石组成的石墙上，旁边一排白墙黛瓦的房子别具一格，"爱莲亭"旁的小水塘中种满了莲花，村里还陆续修整了"爱莲泉"《爱莲说》文化墙"周氏先贤榜"等一系列人文和自然景观。

"特色田园乡村，为谁而做？为农民做。做好了，游客也会来；但是不应为了去做旅游项目而去建设田园乡村。"江苏省副省长蓝绍敏说，乡村最美的、最富有吸引力的就是田园意境。乡村和城市要各美其美，就要遵循发展规律，尊重农村习俗，坚持走符合乡村实际的路子，着力塑造田园风光、田园建筑、田园生活，保护山水基底、历史肌理、空间形态，协调乡村建筑、田园景观、自然风光，重塑和谐共融的人地关系，在江苏大地上留住世外桃源式的乡村，延续田园牧歌式的生产生活方式。

走进徐州市倪园村，古朴的石板路、粗糙的夯土墙、布满青苔的古井散发着浓浓古意。在这个只有102户人家的小村庄里，延续已久的石居建筑被原汁原味保留了下来。"我们坚守村庄原有风貌，不大

拆、不乱建。"倪园村相关负责人说，村里把几处破落房屋稍加修整、几户瓷砖外立面稍加清理，房前屋后扩种一些融合山村的黄栌、青檀和乡土柿子树，让村庄的质感更浓郁一点，更好地展现出石村古邑的村落形态。

兴化市缸顾乡东旺、西旺、东罗几个自然村落环平旺湖而建，依垛而居，水网密布，垛格与沟河交错，具有里下河水乡村落的典型特色。兴化市副市长刘汉梅说，围绕这些田园风光资源，兴化市接下来会突出发展文化型、生态型创意农业，打造环平旺湖亲水岸线，培育"观千垛花海，游水上胜境"的经典旅游产品；紧扣多业融合的理念，整理归集里下河农耕、鱼捕、民俗、手工技艺等本土文化元素，集中展现乡村历史传承，发展现代农业，培植农事体验项目，促进传统产业与现代文明相得益彰。

让乡村重归美好，尊重乡村特有的田园景观、传统建筑，特别是注重乡土文化的挖掘和传承，注重老庄台的提升和复兴，慎砍树、不填湖、少拆房，尽可能在原有村庄形态上改善居民生活条件和乡村环境，不用推翻重建的方式塑造乡村，不因大量新建而造成"建设性破坏"，江苏的乡村复兴之路，坚持在风貌塑造上留住乡村的"形"，在文化传承上留住乡村的"魂"，在宜居宜业上留住乡村的"人"，从而形成更有生命力的"乡村美学"。

美丽乡村、宜居乡村、活力乡村凸显乡村发展内生动力

乡村不但要美丽，而且要宜居，更要有活力，只有这三者形成一个统一的整体，乡村发展才能实现全面协调可持续。

乡村的核心是人，乡村复兴的目的也是为了人。乡村复兴的本质不是简单的自上而下，更需要自下而上的内生动力。"实施乡村振兴战略"，党的十九大点燃了农民的新希望。乡村美起来，农民富起来，乡愁才能留得住，农民才有稳稳的幸福。

在推进特色田园乡村建设的过程中，江苏努力将农村打造成美丽乡村、宜居乡村、活力乡村，避免产生空壳村、空关户，以原住民为载体，以特色产业为依托，吸引产业发展的关键资本、资源和人才，从而吸引外出打工的、外出读书的年轻人"回流"。

在昆山市锦溪镇祝家甸村，一度兴盛的砖瓦烧制产业带来了圩田地貌破碎、生态肌理损害、农村田园风光延续面临困境等问题。但是，通过"微整形"，锦溪镇把废弃砖瓦厂改建为"祝家甸砖窑文化馆"，发展成以砖窑文化为创意的特色产业，以有机农业为主导，以乡村旅游产业、体育休闲产业为辅助的产业体系。"祝甸自然村的发展和困境，也是苏南后工业化时代村庄发展的一个缩影。"朱浜村党总支书记朱慧说，"祝甸砖窑文化馆"的启用进一步激发了乡村活力。

朱浜村村民陈经月告诉记者，由于祝甸砖窑文化馆的带动，村里的环境越来越好，原来到城里安家落户的年轻人正在慢慢形成"回村潮"，全村120多户中有80多户人家已建或翻建新楼房，"有些人家准备做成民宿，有些人家是给在城里工作的孩子回来住"。

村要有可持续的发展，最终的落脚点必须是农民有获得感，必须是农民富起来。

围绕"让农业成为有奔头的产业"，江苏继续深入推进农业供给侧结构性改革，把农业结构调好调顺调优。完善涉农产业体系，利用"生态+""互联网+"等模式开发农业多功能性，构建"接二连三"的农业全产业链，把农业打造成优势产业、富民产业。

围绕"让农民成为体面的职业"，江苏大力培育职业农民，提高集约经营、规模经营、社会化服务水平，增加农民务农收入，重点扶持家庭农场、专业大户、农民合作社、产业化龙头企业等新型主体，切实解决好"谁来种地"问题。落实农民就业创业政策，完善服务体系，拓展增收渠道，引导更多农民创业致富。

值得一提的是，特色田园乡村建设进一步吸引了社会资本的参与，集聚整合了各级各类涉农资金，也挖掘了乡村和村民的潜力，形成资金合力和机制合力。同时，通过特色田园乡村建设的推进，乡村增强了自身的造血功能，形成增长动力机制。

在溧阳市戴埠镇戴南村，起伏的丘陵上种满了茶叶。当地借助江南丘陵山区的地理优势，以名优白茶为主导产业，成立茶叶合作社，通过"合作社+基地+农户"的产业发展模式，建设标准化生态茶园，改良白茶品种，创出戴南杨家村品牌。借助周边南山竹海景区、南山花园等乡村旅游景点，发展家庭农场，引导农事体验，带动茶叶、板栗、竹类加工品等农副产品销售，实现了农民收入的持续增长。

中国乡村振兴的时代抉择
——江苏乡村特色田园建设的多维观照

《农民日报》2017年12月23日

实施乡村振兴战略，对于工业化、城市化和城乡一体化走在全国前列的江苏来说，具有怎样的新内涵？提出怎样的新要求？站在新时代的历史方位，江苏已经做到了哪些？还将迈出怎样的新步伐？

带着这样的问题和思考，记者深入江苏各地采访，梳理乡村变革的历史脉络，探寻乡村复兴的生动实践，感受乡村振兴的绚丽画卷。

从"复兴"到"振兴"的时代选项
"全要素"与"多要素"的全面融合

乡村复兴，是清末民初，为寻求中国振兴农业农村之路的一个重要的乡村建设运动。记者在南通张謇纪念馆有关史料中看到，他艰辛卓绝"以一地自效"，在乡村精心实施"村落主义"，曾为全国的乡村建设拓出新路，却终流于战祸国贫。

开弦弓村，是费孝通撰写名著《江村经济》的"江村"，坐落在东太湖畔的苏州市吴江区七都镇境内。寒冬季节，记者来访，沿着费老前后26次访问该村的探寻足迹和历史脉络，观照中国乡村复兴在苏南的探求与曲折。

还有昆山徐公桥乡村改进实验区、无锡黄巷民众教育实验区、南京淳化镇乡村实验区、武进农改实验区以及江苏民教机关的乡村实验区，等等，这些过去闻所未闻的乡村复兴实验，无一例外，都由于政治、经济乃至战争因素而夭折和失败。

中华人民共和国成立后，特别是改革开放以来，江苏乡镇工业的异军突起，城镇化、城乡一体化道路的率先迈进，为乡村复兴奠定坚实的经济基础和必要的历史条件。今年6月29日，江苏召开"全省特色田园乡村建设试点启动会"，力促乡村复兴。

时任省委书记李强、代省长吴政隆为此多次批示和召开会议专题研究；省政府成立由17个部门和单位参加的联席会议，副省长蓝绍敏担任召集人，各有关部门和单位协作协同，省住房和城乡建设厅承担联席会议办公室职责。

省委、省政府印发《江苏省特色田园乡村建设行动计划》，"十三五"期间，省级规划建设和重点培育100个特色田园乡村试点，并以此带动各地特色田园乡村建设。具体目标是：生态优、村庄美、产业特、农民富、集体强、乡风好。

党的十九大报告中提出实施乡村振兴战略，江苏同志劲头更足，认为"振兴"内涵更加丰富，目标更加高远，任务更加重大。省委书记娄勤俭说，大力实施乡村振兴战略，要建立健全城乡融合发展的新体制、新机制。

马克思、恩格斯认为，在人类社会发展进程中，城乡关系一般要经历由"混沌"到"分离"到"联系"最终到"融合"的过程，这个过程也是社会分工高度发展和人类走向完全自由与解放的过程。江苏同志深刻地认识到"融合"的意义。

复兴是衰落后再兴盛，振兴是振发再提升。党的十八届三中全会提出，供给侧结构性改革的核心就在于"提高全要素生产率"。习近平总书记在小岗村座谈明确指出："深化农村改革需要多要素联动"。一个"全要素"，一个"多要素"，道出真谛。

古典政治经济学家认为劳动、资本、土地是现代社会的三大基本生产要素；其数量和质量，又决定了一个区域的产业产值、经济规模和经济质量。一二三产业融合发展的特色田园乡村建设，是一次"全要素""多要素"的全面融合。

因此，省委常委、副省长杨岳说，乡村振兴要打破阻碍农村吸纳发展要素的栅栏，建立城乡要素双向流动机制。一个集中集聚多要素联动发展，体现和提升农业多功能、农村多元价值的特色田园乡村建设行动，在江苏拉开精彩序幕。

从"园区"到"田园"的生产转型
留住"业"留住"钱"的创新嬗变

"柳色黄金嫩，梨花白雪香。"梨园之中，晃金披雪；梨园之外，别墅林立；别墅之间，曲溪清洄；各家门前，短桥一弯，矮石错落，芳草青青。走进数千亩果园环绕的大丰恒北村，人与自然和谐之美，溢漾于农户与游客的微笑之中。

恒北村九成耕地是以梨树为主的农业园区，生产环节所产生的价值和收益低而增长缓慢。由"园区经济"转向"特色田园经济"以后，由单纯卖梨果到观赏梨花、提升文化、壮大休闲产业链，2016年全村农民人均纯收入2.75万元。

在《江苏省特色田园乡村建设行动计划》中，对特色田园乡村的内涵做出明确阐述："特色"就是特色产业、特色生态、特色文化；"田园"就是田园风光、田园建筑、田园生活；"乡村"就是美丽乡村、宜居乡村、活力乡村。其中，特色产业是重要支撑。

青山逶迤，翠竹摇曳；白墙黛瓦，藤蔓绕壁；竹林、假山、廊桥、池塘相得益彰……走进宜兴市湖㳇镇张阳村，记者感受到的，不仅是特色田园乡村的独特风韵，更有其50多家农家乐与特色农业产业融合发展的创业创新追求。

满足人民日益增长的美好生活需要，不仅要满足人们丰富食品"养胃"和新鲜空气"养肺"的物质需求，更要满足人们"养眼""养生""养心"等精神文化需要。南京市强化特色农业多功能性结构优化，做新做强做美特色乡村田园。

六合区竹镇的巴布洛智慧生态农业谷，围绕"看、玩、吃、住、购"五大功能，产销15个果蔬品种、60个畜牧肉类加工成品和半成品等创意农产品，通过"365天天巴布洛"电子商务平台，将农民和市民需求紧密结合，游客日增。

副省长蓝绍敏认为，特色田园乡村建设一定要充分挖掘和利用好自身特色，走多元化发展之路，提升产业竞争力；没有产业支撑的乡村，只会是昙花一现的"盆景"，只有做大做强特色产业，带旺村庄人气，才能让村庄更有生机活力。

水乡兴化，地势低洼，湖荡纵横，先民为解水患之苦，在沼泽高地垒土成垛，历经800多年发展和演变，成为独特的垛田景观。当地发掘自然和历史资源，发展乡村旅游，一二三产业融合发展，千垛菜花景观享誉全国，农民收入大增。

千垛垛田景观所在的缸顾乡、西郊镇被列入首批特色田园乡村建设计划后，当地正按照产业特、形态美、功能全、有文化、留住人的特色田园乡村建设要求，突出优势，完善规划，整合资源，努力探索特色田园乡村建设新路子。

从"富裕"到"美好"的生活追求
留住"家"留住"人"的时代呼应

近年来,南京市六合区横梁街道村庄"空心化"突出。部分村组空宅率超过60%,上黄组有42户农户,仅有7位老人守家。在特色田园乡村建设中,巨量资本的投入,500余村落民居改旅游民宿,市民方便,农民增收,皆大欢喜。

在特色田园乡村建设中,江苏着力抓住3个要素:在风貌塑造上留住乡村的"形",在文化传承上留住乡村的"魂",在宜居宜业上留住乡村的"人"。以田园生产、田园生活、田园生态为核心组织要素,推动乡村经济社会全面进步。留住"人",就要留住"家"。北京大学人力资本与国家政策研究中心常务副主任沈艳认为,现代乡村建设,必须构建能够吸引和发挥优质人力资源的生活、发展环境,唯有留住"家"留住"人",才能建设好新乡村。

进入新时期,江苏农民基本上实现了从"生活宽裕"到"生活富裕"的提升,已经进入"日益增长的美好生活的需求"旺盛的阶段,对生活环境的要求也进一步提高。农村厕所太脏,是多少城里生活的人们留乡留家遇到的一大难题。

"一个坑两块砖,三尺芦席围四边。人在上面'吐故',猪在下面'纳新'。""蹲似虾蟆坐如葱,男女合用一个洞;河水洗洗米和菜,河塘涮涮晒马桶。"……这些20世纪七八十年代以来,形容苏北、苏中和苏南农村厕所不同时期情状的顺口溜,是当年农村生活环境的生动写照。如今的江苏农村公厕和户厕都发生了"蝶变"。许多乡村的公厕,远看像别墅,近看像小花园,有专人管理。

从农民户外的河塘治理、村庄环境治理、城乡环卫一体化治理,到户内的卫生户厕改建,"美好生活"先从干净卫生做起。据统计,到目前,江苏已有98.10%的农村建起了干净卫生户厕,其中无害化卫生户厕达到了92.6%。

在张家港市金港镇韩山社区,村民形成一个习惯:晨练之前,先走到环境质量报告显示屏前,看当天的空气质量等级、饮用水水源水质、实时噪声监测、空气湿度等数据。从城里回来的孩子说,比城里生活质量还高,都不想回城了!

从"新境"到"心境"的生态文明
留住"根"留住"魂"的文化传承

蓝绍敏认为，在建设特色田园乡村过程中，要进一步挖掘自身文化历史底蕴，结合地形地貌特点，遵从生态肌理，重构价值组合，对村域生态、产业、文化、环境等进行系统考量、整体设计，精益求精，打造特色田园乡村。

徐州市铜山区伊庄镇倪园，不大拆、不乱建，完善地下给排水和污水处理、无线网络等公共服务设施，让村民享受便利的现代生活；挖掘传承传统文化和传统技艺，塑造田园意境，小山村嫁接现代文明，又守住了传统文化之根。

注重乡土气息，在风貌塑造上留住乡村的"形"；提升多元价值，在功能布局上体现乡村的"全"；彰显个性特色，在文化传承上留住乡村"魂"。在这样的追求中，江苏着力打造产业特、形态美、功能全、有文化、留住人的特色田园乡村。

上海交通大学三产融合发展研究中心主任铁丁认为，要创造留住"人"的"新境"，更要创造留住"魂"的"心境"；既要有民族文化的历史传承，也要有开放包容的时代精神弘扬和多样文化的交融。

100年前，倡导"村落主义"的张謇，请来荷兰专家规划水利修农田，废灶兴垦植棉花。产业兴衰，人、魂难留。100年后，大丰又请来荷兰专家，播种培育"荷兰花海"郁金香，绽放中华农耕文化与异域文化的融合奇葩。

管委会主任仇飞介绍，2016年，"花海"接待游客210多万人次。"婚纱摄影、观光旅游、健康养年"三大产业与花卉产业融合，打造以花为主题的文化生态圈。

环境社会学中，有个"破窗理论"：一幢有少许破窗的建筑，可能会被更多地破窗，产生破窗效应。环境心理学中，还有个"护花原理"：当公园里写上"摘花可耻"等牌子，花朵仍被摘；改为"心美花美"，摘花者变成护花者。

科学研究表明，居住在绿化美化空间多的人，生活满意度升高，心灵美化程度提升。记者在江苏城乡采访，深切地感受到，强调从外在环境育人的"破窗理论"，与从内在心灵育人的"护花原理"，在这里得到很好地结合与有机融合。

建设美丽村庄，是广大农民的热切期盼，更是建设新农村的时代要求。2013年起，盐城在全市组织开展以发展之美、人文之美、生态之美、平安之美、民生之美"五美"为主要内容，创建"最美乡村",为心灵美创造更好的载体和环境。

该市为此在村庄整治、改造、建设进程中,首先在规划上致力高标准;在美丽村庄的管理上,着眼高效能,加强乡村常态化管理,推动农村人居环境、乡村特色风貌、公共服务功能、长效管护水平、建设整治效应持续提升。

在阜宁县罗桥镇沿边村,记者看到这里的徽派建筑、通幽廊桥、柏油马路、沟塘河畔,无不掩映于翠竹绿海之中,这里一簇,那里一团,房前屋后,疏密有致,傲然挺拔,浓荫蔽日。当地农民初尝竹文化效应和经济效益相得益彰的甜头。

"春山多盛事,赏玩夜忘归。"吟咏此诗的唐人于良史,绝未想到,只有他们文人墨客才有的雅兴和环境,如今在江苏特色田园乡村,尽可竟夜尽兴。

融合发展，重塑城乡关系
——走好乡村振兴之路

《人民日报》2018年2月26日

十九大提出乡村振兴战略，中央农村工作会议更为走好中国特色社会主义乡村振兴道路指明了七个具体方向。如何抓住城乡融合的要点，唤醒农村沉睡的资源？又如何兴盛乡村文化，激活传统乡村之魂？认真仔细解答好这些问题，农业才会更强、农村才会更美、农民才能更富。从今天起，我们将陆续邀请七位地方党报评论员，结合各地实际，观察乡村振兴的七条道路。

——编者

党的十八大以来，城乡一体化发展的"进度条"在加速。无论农民收入水平还是农村城镇化水平，都有明显提高，乡村正积蓄着变革的伟力。党的十九大提出"城乡融合"的新方向，更为乡村振兴的"质变"吹响了有力号角。

城乡融合，绝不只是图纸上将城与乡圈在一起，关键在于，如何实现要素的双向流动。当那些曾经让城市繁荣起来的要素能以比较低廉的成本顺利进入农村发展进程，乡村振兴就不会是一件难事。在江苏，去昆山朱浜村游玩的人，总会为那里的转型升级叫好。多年前，那里还满是砖瓦窑；改造后，古窑变成了有咖啡馆、文创市集、乡村书屋的公共文化空间。水乡风貌仍在，但发展的基因变了，文化、人才、商业、创意，借千年水道进入，汇聚起新的发展动能。

从传统水乡到乡镇企业再到今天拓展出文创空间，朱浜村发展的前半程，展现了一条中国乡村发展的艰难之路；但其后半程，也见证了一条可行的转身之路。去年，江苏在全国率先启动特色田园乡村建设，全面推进城乡融合。这是对江苏改革开放以来以工补农、以工带农一体化发展经验的再提升，与中央提出的城乡"全面融合"要求高度一致。在3万个村庄中找试点，请设计师团队深入乡村开展田野调查，让要素回流乡村，让乡村提升内生活力，这条"回乡之路"体现着城市的回馈，回应着时代的呼声。当这样的村落星散开来，"明日的田园乡村"就不再是梦。

也许有人会反驳，苏南水乡能够迅速发展起来，离不开"天生丽质"。其实，发展或因条件差异存在先后，但促进城乡间要素均衡流动、破除阻碍要素流动的体制机制障碍是共通的。农村精英不回乡、城市资源不下乡，一直是农村发展的难题。人从哪里来？怎么留得下？钱从哪里来？如何用在刀刃上？回答好这些问题，乡村振兴之路就走通了大半。比如，今天城乡发展最大的落差在公共基础设施上，公共财政不妨多投向社会资本不愿投或覆盖不到的角落；从资金来源上看，也可尝试改变，把城镇化过程中土地出让收益的蛋糕多切一些给农民、多留一些在农村。

城乡的二元发展曾经历了很长的历史周期，这也注定城乡融合发展不是眼前工程、应急工程，而是长期的历史性任务。所以，对于各地的具体探索不妨多点耐心和包容。反过来说，经历了城市化进程中的一系列城市病，我们有必要也有能力在乡村振兴进程中作出更具前瞻性的思考。江苏推进特色田园乡村建设，就非常注重乡村的形神兼备。既要留住乡村的"形"，全力恢复乡村历史质感、保护乡村原有风貌，更注重留住乡村的"魂"，留住乡村的非物质文化传统。保护一座祠堂，保护一棵古木，不仅能让乡愁多一个寄托之所，也能因为自重而赢得更多尊重。

乡村振兴，最终旨归是"人"。农民如何真正成为乡村振兴的最大受益者？具体的规划会给生产生活带来怎样的变化？是不是真正"融"好了？需要时刻注意和校验。换句话说，绝不能用建设城市的思路来建设农村，用发展工业的思路发展农村，而应该因村制宜，像爱惜生命一样爱惜乡村的个性。而在积极发挥财政"四两拨千斤"作用、鼓励社会资本下乡的同时，也要规范政府举债融资行为，避免变相违规举债，避免资本掏空乡村。在实战中琢磨出实招，在干事创业中凝聚合力，城乡的真正融合一定能实现。

江苏再添 25 个特色田园乡村建设试点村庄
——让特色田园扮靓新乡土时代

《新华日报》2018 年 4 月 20 日

时隔半年之后，江苏省 19 日公布第二批省级特色田园乡村建设试点村庄名单。来自南京、徐州、常州等 10 个设区市的 25 个村庄上榜。

去年 6 月，省委、省政府系统谋划启动实施特色田园乡村建设行动计划，并确立首批 45 个试点村庄，围绕特色、田园、乡村三个要素，挖掘乡愁记忆，重塑乡村活力、魅力与吸引力。这与十九大报告提出的"乡村振兴战略"的目标内涵高度契合，特色田园乡村建设也成为乡村振兴战略在江苏率先实践的有效抓手。

我省原定于去年 11 月公布第二批试点村庄名单，去年全年共 100 个村庄展开试点，但后来考虑特色田园乡村建设急不得、赶不得，还需根据第一批试点情况沉淀经验、总结不足，而参加第二批特色田园乡村建设试点的申报村庄，基本都主动到首批试点村庄走访"取经"，由此也形成更具竞争力的试点方案。

3 月 19 日，省特色田园乡村建设工作联席会议召开第二批特色田园乡村建设试点方案评审会，通过现场答辩、专家组逐一评审，并经省联席会议审议，南京市江宁区淳化街道青龙社区东龙等村庄的试点方案获得认可，进入第二批试点村庄阵列。

东龙村位于淳化现代农业示范园内，林果种植是村里的特色资源。担任村庄规划设计的华晨博远设计院设计师耿伟说，在规划设计中，他们注重彰显农业产业特色，拓展农业功能。去年开始，村集体布局并形成以中草药种植为主的"百草园"，同时发展猕猴桃产业。村里新的产业定位更能适应市场需求，效益会更高。继而再发展与之适应的农产品加工物流和农村电商。结合村里的商业街，他们拟整合线上企业和线下销售的平台，村集体的老厂房也将改造为农村电商物流加工园。

乡村振兴，核心在人。职业农民培育纳入东龙村特色田园乡村建设规划，并计划在今年至少培育 50 名职业农民，通过特色产业打造增加村民就业上百人次。

乡村振兴，归根结底要切实提高农民收入。南京溧水区副区长张为真介绍，当地白马镇李巷村围绕"看一场老电影，听老村民讲一段故事、吃一顿农家饭"发展红色旅游，凡参与民俗展示和开办农家乐的村民，经村集体登记后进行培训，农家乐的场地统一设计，帮助村民改造完成，由此助推村民收入提升。

省城市规划设计研究院院长梅耀林在肯定李巷做法的同时，提醒除了发展旅游，实现村庄自身的综合发展更重要。

东南大学建筑学院教授杨志疆表示，特色田园乡村建设要取得实效，离不开反复调研。他们在为溧阳南山后村进行规划设计时，充分听取村民诉求，对产业定位作出细致研究，确立养蜂为主导产业，并发展茶、蟹等农产品，把村里闲置的农舍、砖瓦厂等规划改造为茶、蟹农贸集散之地，既合理利用存量空间，又有利于激活乡村发展活力。

苏北平原村落——沛县张寨镇陈油坊村特色田园规划设计方案，广泛吸纳村民意见和智慧。中国矿业大学建筑与设计学院教授林祖锐坦言，他们向村民发放问卷，发现村民对产业定位不太满意，同时也反对大拆大建，所以最后确定的方案中，村庄改造变成尊重原有风貌和脉络的"微整形"，并最终确定发展葡萄产业，从种植向酿酒等二产延伸，并设立榨油作坊，弘扬村庄榨油古文化。村里不搞大面积绿化带，主要通过菜园优化生态。

徐州市贾汪区潘安湖街道马庄自然村，此次也成为第二批特色田园乡村建设试点村庄。九城都市建筑设计总建筑师张应鹏说，利用潘安湖良好的生态环境，马庄村将着力打造集非遗旅游、民俗体验、文化体验、婚庆艺术等于一体的文旅体验地，以及集文创基地、文创工作室等于一体的文化创新平台，成为休闲度假、生态养生、田园游乐等相融合的生态型休闲旅游村。同时，响应"一村一品"号召，发展田园乡村旅游和民俗文化，并改革创新，利用闲置土地资源发展产业，建立多元化、可持续的投融资保障机制。

"实施乡村振兴战略，不能光看农民口袋里票子有多少，更要看农民精神风貌怎么样。"在省城镇与乡村规划设计院设计师黄丽君眼里，马庄环境优美、集体团结、民风淳朴，非物质文化遗产香包、农民乐团、中药文化、两汉文化，都是支撑乡风文明和产业发展的重要力量。当前，马庄的乡村振兴主要明确三项任务，即：乡风文明、产业兴旺和生态宜居，"梳理文化要素和重点，把文化融入产业发展，探索苏北资源枯竭地区的乡村发展模式，体现从农耕时代到工业时代到生态时代再到文化时代的乡村发展之路"。

省设计大师、东南大学建筑学院院长韩冬青认为，乡村振兴战略下的特色田园乡村建设，一定要注重服务业发展与村民就业机会，当前乡村旅游火热，而从欧洲国家和日本的乡村复兴经验看，发展乡村旅游最好不要游客和村民"两层皮"，所有资源既面向游客，又面向本地村民，这样的一体化思路值得借鉴。

江苏：探路现代化建设新征程

《人民日报》2019年08月24日

8月23日，在国新办举行的中华人民共和国成立70周年省（区、市）系列主题新闻发布会上，江苏省委书记、省人大常委会主任娄勤俭，江苏省委副书记、省长吴政隆介绍了江苏省开启基本实现现代化新征程的积极实践，并回答记者提问。

"'为全国发展探路'是党中央对江苏的一贯要求。江苏作为先发地区，在即将全面建成小康社会之际，有责任有条件展开先行谋划和实践，做好现代化建设的探路者。"娄勤俭说，对照习近平总书记谆谆嘱托和党中央部署要求，立足江苏所处的时代方位和现实基础，我们现在已经到了"积极探索开启基本实现现代化建设新征程这篇大文章"的时候。

高起点：致力于高水平全面建成小康社会

江苏致力于高水平全面建成小康社会，为现代化新征程奠定一个更高的起点、更扎实的基础。目前，江苏已经基本消除绝对贫困，正着力解决相对贫困，精准帮扶年收入6000元以下的低收入人口，扎实补短板、强弱项，在办好民生实事、推动社会事业全面发展上狠下功夫。居民人均可支配收入去年达到3.8万元，城乡基本养老保险、基本医疗保险参保率均达到97.8%，平均预期寿命超过78岁，群众安全感达97.6%，义务教育优质均衡，现代职业教育、"双一流"和高水平大学建设走在全国前列。同时，越来越多的城市书房、创意工坊、绿色客厅，让人民群众的生活更有品质。

南北发展不平衡是江苏比较突出的矛盾。高水平全面建成小康社会，关键看苏北。通过实施乡村振兴战略，着眼于"四化"同步发展，重构城乡关系、提升发展水平，一大批公共服务功能完善、富有当地民居特色的新型农村社区正在建成，越来越多的农民群众过上了与时代同步的现代城镇生活。

强支撑：推动高质量发展走在前列

江苏致力于推动高质量发展走在前列，让现代化新征程支撑更强、步伐更稳健。党的十九大后，江苏确立了"高质量发展走在前列"的目标定位，明确了经济发展、改革开放、城乡建设、文化建设、生态环境、人民生活"六个高质量"的实践路径。

既保持规模总量的持续平稳增长，又着力实现质量结构效益的加快提升。在经济体量迈上9万亿元台阶的同时，一般公共预算收入突破8500亿元，科技进步贡献率达63%，高新技术产业占工业比重达43.8%。

既建设全国最大规模的制造业集群，又始终把粮食生产的饭碗牢牢端在自己手上。有六大行业营收超过万亿元，新产业新业态蓬勃发展，农业现代化水平走在全国前列，粮食总产多年稳定在700亿斤，实现了自我保障。

既成为民营经济蓬勃发展的热土，又打造国际化营商环境的高地。"不见面审批"、知识产权保护服务成为江苏营商环境的名片，市场主体突破900万户。今年上半年进出口总额达3054亿美元，占全国的1/7，实际利用外资152.5亿美元，继续位居全国前列。

既可享受现代化的都市生活，又能领略新时代乡村的美丽风光。江苏拥有密集度高、国际化程度高、大中小城市协调发展的城市群，城市功能和品位不断提升。同时，特色田园乡村和美丽宜居村庄遍布全省。

拓视野：融入长三角放眼全世界

江苏把握经济全球化与区域发展一体化规律，使现代化新征程视野更宽、道路更开阔。江苏正积极主动服务上海、携手浙皖，与兄弟省市共同承担起长三角区域高质量一体化发展的国家使命。目前，贯通长三角的南沿江高铁已经开工建设，北沿江高铁、苏通嘉铁路等项目顺利进行，江苏与沪浙皖之间有11条省际"断头路"正在加快打通，江苏的吴江、上海青浦和浙江嘉善等地的跨省公交线路初具规模。

以"一带一路"交汇点建设为统揽，推动全方位高水平对外开放，形成江苏发展的全球竞争力和世界影响力。江苏出台《高质量推进交汇点建设的意见》，并组织实施"五大计划"，建立重点项目库和项目推进机制。目前，列入省重点项目有80多个，总投资达1400多亿元。

江苏召开特色田园乡村建设现场推进会

《新华日报》2019年11月14日

11月13日，全省特色田园乡村建设现场推进会在溧阳市召开，副省长费高云出席会议并讲话。

费高云指出，省委、省政府高度重视乡村振兴工作，2017年开创性地提出实施特色田园乡村建设，并将其作为我省推动落实乡村振兴战略的一个重要举措。当前特色田园乡村建设进入从"试点示范"转入"试点深化"与"面上创建"并轨的新阶段，要进一步培育特色产业，建设活力乡村；改善人居环境，建设宜居乡村；注重塑形留魂，建设特色乡村；加强乡村治理，建设和谐乡村，确保特色田园乡村建设取得实效。各地各部门要本着对事业负责、对未来负责的态度，全力以赴做好特色田园乡村建设各项工作，把省委、省政府这项重大决策部署变成生动实践，努力走出一条谱写中国梦江苏篇章的乡村振兴之路。

任振鹤在溧阳调研强调：特色田园乡村建设要在全省开花结果

《新华日报》2019 年 11 月 27 日

11 月 25 日，省委副书记任振鹤到溧阳市调研特色田园乡村建设工作。他强调，推进特色田园乡村建设，是贯彻习近平总书记对江苏重要指示的有效探索，是实施乡村振兴战略的有效抓手，是落实党的十九届四中全会精神的有效实践，要在试点示范的基础上，推动特色田园乡村建设在全省开花结果。

在牛马塘村曹山花居民宿，在庆丰村万亩丰产方和米酒工坊，在礼诗圩村农家共享厨房，在塘马村打造的"我家自留地"，任振鹤察看村容村貌、村庄环境，了解乡村产业、资本下乡情况。听说牛马塘村红薯网上销售火爆，任振鹤称赞他们把一个小小的红薯，做出了 80 多个品种，家家户户受益，确实不简单。他关注塘马村"来的不是客、都是塘马人"的睦邻乡情，和自酿米酒、自制荷叶茶的村民攀谈，询问特色田园乡村建设前后村民收入、稻米行情、农业效益发生的可喜变化。

溧阳特色田园乡村建设注重融合乡村所处山区、丘陵、平原的自然环境特色，不同的村有不同的村情民情，试点工作形成了品牌效应。任振鹤边看边听边问，就溧阳特色田园乡村建设不同模式的探索，与基层干部不时进行探讨交流，对溧阳市特色田园乡村建设工作给予充分肯定。他说，溧阳特色田园乡村通过"一号公路"串点连线成片，整合了资源，兴旺了产业，致富了农民，村容村貌焕然一新，村干部面貌也焕然一新。通过试点先行、以点带面，我省建成了一批"生态优、村庄美、产业特、农民富、集体强、乡风好"的特色田园乡村。

任振鹤强调，要以习近平新时代中国特色社会主义思想为指导，完善农业农村优先发展政策，健全城乡融合发展体制机制，加快农村经济发展和生态建设。各地要坚持政府引导、市场导向、农民主体、社会参与，强化规划引领，把产业发展作为关键，注重提升公共服务，突出乡土特色，支持发展集体经济，夯实基层工作基础，创新乡村治理方式，让老百姓对村庄有认同感，提振农民精气神。

"三个含量"彰显城乡建设更高质量

《新华日报》2020年1月13日

2019年是江苏推进城乡建设高质量发展承前启后的攻坚之年。这一年，江苏在我国住房和城乡建设系统继续保持总体领先、重点领域率先的引领地位，为建设"强富美高"新江苏作出了重要贡献。

民生含量：城乡基础设施大为改善。坚持问题导向，加快补齐城乡基础设施短板。新建改造城市公厕1191座，构建"厕所开放联盟"，城市公厕公共服务体系不断完善。无锡、苏州、南京先后展开垃圾分类立法，力推垃圾分类进入强制时代。全省320个老旧小区完成改造升级，130个宜居住区实现蝶变，累计加装并投入使用电梯超过1000部，居民生活舒适度大大提升。"停车便利化工程"深入实施，新增公共停车泊位18.66万个，"停车难"问题进一步缓解，人民群众的获得感和幸福感进一步增强。

宜居含量：美丽乡村绘出新画卷。推进美丽乡村建设，苏北地区农民群众住房条件改善成效初显。苏北五市新建农房改善项目817个，年度10万户改善任务如期完成。全省累计公布三批136个特色田园乡村建设试点村庄，首批试点的45个村庄基本完成建设，其中19个成效显著的村庄被命名为"江苏省第一批次特色田园乡村"，展现出乡村振兴的现实模样，为人民群众创造了美好的生活家园，实现从"住有所居"到"住有宜居"。

品质含量：城乡风貌有了新塑造。开展"城市双修"与城市设计试点工作，加强历史文化传承保护。新增4个中国历史文化名镇、2个中国历史文化名村、5个中国传统村落。国家历史文化名城、中国历史文化名镇数量全国第一。新增4个国家生态园林城市，数量位居全国第一，在江苏大地塑造了一大批各具魅力的特色风貌城镇和乡村，让城乡居民过上高品质的幸福生活。

聚力强富美高　决胜全面小康
——钱家渡口话小康：两个村庄的美丽蜕变

《江苏经济报》2020年3月27日

开栏的话：今年是全面建成小康社会和"十三五"规划的收官之年，是推动"强富美高"新江苏建设再出发的起步之年。为更好地凝聚团结拼搏力量，本报今天起推出"聚力强富美高 决胜全面小康"主题系列采访。第一站，我们走进南京市江宁区湖熟街道钱家渡特色田园乡村，听幸福感十足的村民们聊他们的过去和现在。

从南京的市中心向南开车四十几千米，就到达江宁区湖熟街道钱家渡特色田园乡村。青山绿水间，只看到田野里花香四溢的油菜、展现乡野气息的枕水民居、河道上独具韵味的拱桥和河边白墙黛瓦的木质民宿。正值春花烂漫时，处处有游人扶老携幼前来踏青，拿着手机拍个不停。

钱家渡特色田园乡村涵盖钱家渡和孙家桥两个自然村，2017年以来，两村充分利用圩区水资源优势和农业产业优势，扎实推动农业增效、农民增收、农村增绿，走出了一条高质量绿色发展之路，村民也大步奔入小康。

夏天蚊子咬　雨天一身泥

世外桃源般的钱家渡，过去却是另一番光景。

"以前家家户户住的都是平房，到了夏天蚊虫实在太恼人，这几年乡村发展了，大家才换上好楼房。"今年65岁的村民黄连宝回忆，过去家家户户只考虑"有饭吃"，现在大家都在追求"菜的品质"。"我有时候跟乡亲们开玩笑，你们每顿饭桌上都有4道菜，这难道还不是小康？"黄连宝乐呵呵地分享着这些趣事。

对于农村这几年翻天覆地的变化，孙家桥村的靖爱梅深有体会。"以前送孩子上学，一到下雨天那路根本没法走！现在柏油路铺起来了，夜里也有路灯，日子变好了！"拿到流转土地的资金后，靖爱梅换上了三层楼高、400m²的大房子，她说等过两年还要把房子里里外外好好装潢一番。

看到钱家渡、孙家桥从以前偏僻不起眼的小村庄发展成如今的美丽

乡村，隔壁小焦家村村民张式才既高兴又羡慕。得益于钱家渡村的开发建设，小焦家村如今也是美丽乡村的典范。说起村庄以前的旧貌，张式才历历在目：房子前面就是猪圈，一到夏天就臭气熏天，蚊虫满屋子飞，别说外人，就是自家人都嫌弃；门前的路是石子路，骑车的时候咯吱咯吱响。"那个时候村里的年轻人都想往外跑，现在反过来了，城里人都爱来我们这里了。"

新理念新模式点土成金

村级稳定性收入从16.8万元到450万元，钱家渡和孙家桥村所在的和平社区仅用了两年——这与两村"跨越式"发展密不可分。如何脱贫致富？当地转变思维，引入资金的同时更引进先进的发展理念，从泥土块里刨出金疙瘩，把青山秀水变成生产力。

当地种粮大户、家庭农场主杨长根告诉记者，2013年，他将村里$0.27km^2$（400亩）分散的土地整合起来，实现规模化经营管理，当年就取得了可观的收益，一年收入达到了20多万元。尝到甜头的杨长根加大了设施投入力度，一下子购买了一台烘干机、一台植保机、两辆拖拉机，并不断扩大种植规模，科学选用良种，精心植保，一路打拼，实现了一年40多万元的可观回报。

记者了解到，钱家渡紧抓特色田园乡村发展契机，大力开展脱贫攻坚。以优质粮油种植、高效水产养殖为重点发展产业，村里规划了$1.53km^2$（2300余亩）的高效水产养殖基地、绿色蔬菜采摘基地以及优质粮油种植基地，打造"绿色化、优质化、特色化、品牌化"的现代农业产业，全面促进农业提质增效。钱家渡自产的青虾、螃蟹等水产品和绿色大米、有机蔬菜等农产品已初具规模，并注册"橹韵"手礼、"善米"等农产品品牌，进一步将农业产业优势转化为旅游资源优势，不断扩大特色田园乡村品牌影响力。

土地不仅可以产粮，其秀色亦"可餐"。2017年3月起，江宁区旅游产业集团、交通建设集团利用钱家渡、孙家桥村庄自然禀赋、产业特色、传统文化等优势，借助四通八达的水资源，开始打造14km的水上游线，整合周边的尚桥生态园、现代农业展示馆、菊花园等多个旅游资源，设置了水上采摘园、渔趣园等水上体验项目，并突出乡村服务和体验功能，2018年5月运营以来，钱家渡迅速成为乡村旅游网红打卡点，拥有了超高人气。

"我年轻时出去在城里打拼了 20 年，后来看到老家在搞美丽乡村，于是成为第一批回来做民宿的，如今收入已经翻了三番。"回村创业的若城民宿经营户陈益青告诉记者，民宿的装修由政府投资，设计全免费，景观包括院子都是政府综合规划，这让他的经营成本大大降低。如今，又能挣钱又能照顾父母，陈益青觉得很满足。据了解，目前已有 7 位村民返乡创业，参与当地农家乐和民宿经营。

绿色和文化铸就可持续的幸福

村民的居住条件是迈入小康生活的重要指标。钱家渡在打造田园乡村的过程中，完成了村庄环境整治，提升了村庄人居环境，让偏僻的村庄换了新颜。

记者在村里看到，村民原来的屋顶被加高改造成了玻璃墙，房子透光且舒适，呈现了新农村的建筑风格。通过开展清淤整治、生态护坡、绿化点缀等一系列村庄环境整治工程，村庄"颜值"进一步提升；通过村庄道路整平、杆线下地、三星级公厕新建、污水处理设施建设等措施，村民也过上了城里便利又卫生的生活。

"去年全区又启动人居环境整治，除了特色田园乡村、市级美丽乡村外，其他一般村也改善了居住、出行条件，70% 的农民受益。"和平村党委副书记、钱家渡特色田园乡村党支部书记朱伟告诉记者。

绿水青山就是金山银山，钱家渡深有体会，倍加珍惜。"在农药和肥料的使用中，我们非常慎重，绿色、环保、健康是钱家渡给人的印象，也是我们的金字招牌。"杨长根说。

乡村振兴，乡风文明是精神保障。朱伟介绍，钱家渡在建设与管理中，始终把文化传承和开发利用有机结合起来，打造各具特色的农村文化标识和文化名片。迄今为止，钱家渡已经举办了百名主播诵读经典、水乡趣钓比赛、丰收节文艺汇演、留守儿童畅游水乡等形式多样的活动，丰富了村民文化生活，也强化了村民的社会责任意识与主人翁意识。

"钱家渡堪称宜居宜游宜业的范本。"南京旅游职业学院副教授张骏告诉记者，近年来钱家渡人生活富裕起来，村容村貌在提升，村民的文明程度、与社会的融入感也在提升，"这样的农村小康生活已在江苏遍地开花"。

田园乡村 特色田园乡村建设
乡村振兴的江苏探索